Destruction or Love

Destruction or Love

La destrucción o el amor

Vicente Aleixandre

Introduction, Translation, and Illustrations

by

Robert G. Mowry

SUP

Selinsgrove: Susquehanna University Press
London: Associated University Presses

Original Spanish Titles and Poetry
© VICENTE ALEIXANDRE, 1966, and Heirs of VICENTE ALEIXANDRE

This translation has been made from the critical edition (Clásicos Castalia 43)
prepared by José Luis Cano [4th ed. Madrid: Editorial Castalia, S.A., 1990]

Associated University Presses
440 Forsgate Drive
Cranbury, NJ 08512

Associated University Presses
16 Barter Street
London WC1A 2AH, England

Associated University Presses
P.O. Box 338, Port Credit
Mississauga, Ontario
Canada L5G 4L8

The paper used in this publication meets the requirements of the American National
Standard for Permanence of Paper for Printed Library Materials
Z39.48-1984.

Library of Congress Cataloging-in-Publication Data

Aleixandre, Vicente, 1898-
       [Destrucción o el amor. English]
       Destruction or love = La destrucción o el amor/Vicente Aleixandre; introduction,
    translation, and illustrations by Robert G. Mowry.
           p. cm.
       ISBN 1-57591-051-9 (alk. paper)
           I. Title.

    PQ6601.L26 D413 2000
    861'.62--dc21
                                                                          00-035780

PRINTED IN THE UNITED STATES OF AMERICA

DEDICATORIA

del traductor

Dedico este fruto de mis talentos
a la compañera de mi vida,
G.,
que me nutre y me guía
en las obras de la auténtica existencia humana.

RGM

La poesía es una fuente de felicidad muy grande.

– Carlos Bousoño

CONTENTS

TRANSLATOR'S PREFACE

Is not the "message" of LA DESTRUCCION O EL AMOR (1935) that we are embedded in an infinitely complex cosmos, whose constituent entities are mutually dependent, ebbing and flowing with lesser or greater degrees of cohesion and awareness, while contributing in some mysterious way to the evolution of the whole? Is this not the context within which our passionate connections arise, enveloping us — as individual centers of desire — along with the sources of our passion within a nexus of attraction, then dissolving us in fusion with the desired? (Whitehead's metaphysics serves suggestively as a philosophical underpinning for this vision.)

My acquaintance with this surrealistic tour de force was made under the tutelage of Carlos Bousoño, Aleixandre's most impassioned advocate, in the decade of the 60s. What struck me most at the time were its chaotic enumeration and violent representation of human love. But I did not feel sufficiently motivated to penetrate the work's code — even through the mediation of Bousoño's systematic analyses — until the summer of 1990. By then my own understanding of the nature of things had acquired a process bias, and Aleixandre had become confirmed as a major figure in the patrimony of world literature. Stimulated by Hugh Harter's 1987 translation of SOMBRA DEL PARAÍSO (1944) [Shadow of Paradise], Aleixandre's transitional work of poetics in a new key, and seeking a vehicle for indulging my twin penchants for crafting verbal and visual imagery, I determined to try my hand at creating a complete English version — with illustrations — of Aleixandre's earlier masterpiece.

The consequence of this decision has been a labor of love, growing from the tentative motivation to devise a creditable vehicle for propagating one of Aleixandre's most suggestive and forceful works, to become as well a consuming medium for my own creative drive. There is no denying that the process of translation has been in essence a challenging and exciting wordgame, a playing with manifold options for joining structure with substance.

I strove painstakingly throughout to produce a consistent elliptical English style that would hint at the forced cadences and conceptual dynamics of the original text, incorporating as well a sprinkling of neologisms as a device for mirroring some of the syntactic liberties regularly taken by Aleixandre. Above all, I have endeavored to fashion a verbal work of art in its own right, yet one that closely adheres to the spirit and content of the original. The accompanying brush drawings that form an integral part of my response to the text attempt to capture the oneiric impact of the poetry, while echoing the recurrent motifs of birds, flowers, hearts, waves, etc.

This, then, is my offering of a fresh — though certainly not "definitive" — interpretation for the turn of the millennium of what has become a landmark of twentieth-century European literature. Through repeated confrontations with these fifty-four compositions I have gained a much fuller appreciation than I had at the outset of the powerful effect this poetry exerts on its readers by plunging them into an alternate reality that both mystifies and illuminates. As one becomes more familiar with the Aleixandrean vision, a coherence emerges beneath the apparent chaos — a remarkable emotional and conceptual manifestation of the spirit of our age.

RGM
Madrid, 1990 - Selinsgrove, 1999

THE POETIC ITINERARY OF VICENTE ALEIXANDRE
(1898 – 1984)

Vicente Aleixandre's was one of the major voices of twentieth-century Spanish poetry. By virtue of his long creative life, which spanned the gulf of the Spanish Civil War (1936-1939) and the ensuing Franco dictatorship (1939-1975), Aleixandre was able to serve as a guiding influence on successive generations of postwar poets who cherished him as an authoritative link to the creative ferment of the first decades of the century.

In his youth Aleixandre was molded by the same intellectual and artistic currents that nurtured the famed constellation of Federico García Lorca, Luis Buñuel and Salvador Dalí – as well as a host of other Spanish luminaries. Later, like most of his peers, Aleixandre championed the Republican cause from its brief ascendancy to its death throes in the Civil War, but chose not to join the diaspora of intellectuals occasioned by the tragic conflict. Instead he remained within his homeland as a beacon and mentor to aspiring poets, an admired and celebrated elder statesman of Spanish letters until his death in 1984. In 1949 he was elected to the Royal Academy of the Spanish Language. International recognition came in 1977 when he received the Nobel Prize for Literature. By according Aleixandre this honor, the world community of letters was also rendering posthumous homage to the poetic achievement of his many vanished comrades from the 1920s and 1930s.

Aleixandre's poetic output displays a steady, organic evolution from his first published title, ÁMBITO (1928) [AREA], through DIÁLOGOS DEL CONOCIMIENTO (1974) [DIALOGUES OF KNOWLEDGE]. The former is a collection of verses in many ways indebted to the prevailing poetic models of the pan-Hispanic *mod-ernista* movement, while anticipating thematically many of his later volumes. The latter is a compendium of oracular musings on the human drama that recapitulates, in its unique register, much of the substance of his previous works.

The greater part of the Aleixandrean corpus is poetry conceived under the sign of Romanticism, portraying humankind not so much as mirrored by diverse aspects of nature as at one with it, while imbuing with an extraordinary degree of animation and personification all that is non-human within the cosmic setting. This essentially romantic identification is prevalent in works from the late 1920s through the early 1960s, and can be readily appreciated through a cursory review of distinctive Aleixandrean vocabulary that constantly reappears in frequent dynamic images of sea, land and sky, and of the powerful human affects attributed to them. Typical of Aleixandre's poetic diction are the Spanish nouns for "bird," "dove," and "eagle"; "daybreak" and "light"; "shadow," "night" and "nightfall"; "star," "sun" and "moon"; "heart," "fate" and "tear"; "surf" and "wave"; "abyss" and "thunderbolt" – all of which are variously coupled with the verbs for "beating," "burning," "bursting," "clamoring," "consuming," "destroying," "erupting," "flowing," "invading," "palpitating," "shimmering" and "sinking," and modified by the adjectives (and their corresponding adverbs) for "alone," "astonishing," "enormous," "eternal," "innocent," "insatiable," "joyful," "luminous," "powerful," "pure," "somber," "sudden," "terrible" and "vast." It requires little effort to conjoin such an array into an exemplary Romantic – or Neo-Romantic – "system."

Yet, due primarily to its surrealistic underpinning and its exploitation of free verse, this system conveys an unmistakably contemporary message and bears little formal resemblance to nineteenth century antecedents. In the most general terms, Aleixandre's oeuvre comprises three distinguishable periods: the experimental, pre-Civil War years (1928 – 1935), the years of maturity in the aftermath of the war (1944 – 1965), and the final years of renewed experimentation (1968 – 1974).

[1928 – 1935] Although he began creating verse predictably patterned in form and content on prevailing models (notably those of the *modernistas* and the work of Juan Ramón Jiménez, another of Spain's Nobel laureates), Aleixandre soon became intrigued with the Surrealist movement, so that by the late 1920's he was producing poetry in both verse and prose format that reflected his absorption with the anarchic, visionary world of automatic writing and free association. He came also to adopt a vatic stance as part of his poetic persona: a tendency to present himself as the mouthpiece of cosmic forces impinging on and incorporating the general human condition, minimizing thereby explicit self-revelation.

Already in ÁMBITO (1928), the poetry incorporates descriptions of personalized natural forces in a variety of dynamic states, ranging in setting from the depths of the seas to the outer reaches of the heavens; disconnected references to components of human anatomy; dreamlike imagery; and a tendency toward a fragmented syntax – many lines are exclamations or interrogations – embedded within unorthodox metrical schemes. These several early features of Aleixandre's style found their fullest, most forceful expression in LA DESTRUCCIÓN O EL AMOR (1935), universally regarded as his first major poetic achievement.

[1944 – 1965] The next stage in Aleixandre's artistic development followed his awakening to a keener awareness of the human need for solace amid fragmentation and uncertainty – a consequence both of his personal state of chronic ill health and of his experience of the violence and repression that swept Spain during the 1930s and 1940s. As Aleixandre began embracing the need to affirm the value of life in society, he adopted a more intimate tone, aspiring to speak not only to but for the totality of his fellow humans. The transition to this new creative phase is embodied in SOMBRA DEL PARAÍSO (1944) [SHADOW OF PARADISE], a work in which the poet evokes the world of his childhood in the seaside city of Málaga and offers the more "humanized" theme of his love for intimates who populated that irretrievable microcosm.

SOMBRA DEL PARAÍSO retains the irregular, sporadically elongated ("tentacular") free verse form that predominated in LA DESTRUCCIÓN O EL AMOR and that was to become a hallmark of Aleixandrean texts. It also holds a steady focus on the Mediterranean environment, especially on multifarious aspects of the sea, as the setting for many love poems that are replete with the same erotic imagery developed in LA DESTRUCCIÓN O EL AMOR, often underscored by an insistence on the senses of touch and smell. These portrayals of near-idyllic moments that exalt the body of the beloved amid sensuous natural surroundings capture the fluid fusion of human anatomy with elemental natural phenomena (sunlight, clouds, wind, birds), while symbolizing the values of clarity, innocence and freedom the poet associated with his youth.

Subsequent collections – notably HISTORIA DEL CORAZÓN (1954) [STORY OF MY HEART] – carry forward this evocation of the author's life; yet Aleixandre's personal delights and sorrows are consistently modulated by a poetic voice that tempers the immediacy of experience by simultaneously savoring and evaluating it. Likewise, the titles and subjects of his poems remain predominantly generic, with an anonymity of attribution that conveys the stance of an author who is most comfortable simultaneously playing the roles of participant and observer in relation to his subject matter.

Reflecting the general condition of Spanish poetry during the Franco years, as it sought to establish a secure channel for openly expressing the anguish of a repressed people, Aleixandre's work gradually sheds its predominant self-absorption in favor of a determined involvement with the world of common human intercourse. It is a noteworthy characteristic of Aleixandre's distinctive literary personality in this regard that he became an advocate for human solidarity without entering the arena of political protest, even as the increasingly vocal opposition to the Franco regime began to sense and proclaim the inevitability of its eventual triumph. The early 1960s was a period of self-examination, during which the poet cultivated a more discursive, coherent verse that – at least in principle – could be understood more readily by a relatively unsophisticated readership than was the case with the surrealistic poetry. In this sense, Aleixandre, who is customarily identified at the outset of his career with the literary vanguard that became known as the "Generation of 1927," belongs as well to the complex movement of "social poetry" which flourished in Spain from the 1940s to the 1960s.

Particularly in EN UN VASTO DOMINIO (1962) [IN A VAST REALM] [1962], and in RETRATOS CON NOMBRE (1965) [PORTRAITS WITH NAMES], Aleixandre enthusiastically committed himself to serving as spokesman for those who were unlikely to give literary voice themselves to their thoughts and experiences – and who were even less likely to be aware of his interest in their situation. These two volumes embody the culmination of the incipient "socializing" tendency evidenced in the particularities of event and location of SOMBRA DEL PARAÍSO. In these collections the reader is treated to

historical meditations on well-known people and places, to vignettes of Spanish towns and rustic figures, to sketches of daily life, and even to meditations on paintings by Velázquez in the Prado Museum. When contrasted with the earlier, intensely surrealistic works, the full sequence from SOMBRA DEL PARAÍSO through RETRATOS CON NOMBRE offers a voluminous set of poems whose frame of reference progressively recedes from the oceanic and cosmic depths and the interrelatedness of all being to be recast within the more recognizable interests and vital concerns of ordinary human beings.

[1968 – 1974] Following RETRATOS CON NOMBRE, Vicente Aleixandre's poetry became steadily more reductionist and meditative – often very concise in both form and content, issuing first (appropriately enough) in the 1968 publication of POEMAS DE LA CONSUMACIÓN [POEMS OF CONSUMMATION]. The works in this collection, expressive of the accumulating wisdom of a long lifetime, depend to a much diminished extent on dynamic imagery. They do retain, however, amid hermetic evocations of his past experiences, thematic and stylistic echoes of the surrealistic beginnings. These are densely crafted compositions, many of them very brief poems dealing with diverse aspects of the end stages of life, and bearing titles such as "Near Death," "Final Thoughts," or "Oblivion."

A final late fruit appeared in DIÁLOGOS DEL CONOCIMIENTO (1974), further experimental, reflective verse compositions which treat certain social and literary themes in a format that borders on the prosaic. These surprisingly "un-Aleixandrean" compositions, while not full-fledged theatrical pieces (since they lack any stage directions or indications of character), could undoubtedly be read aloud to great dramatic effect. They are exchanges between generically identified speakers ("He," "She," "Lover," "Soldier," etc.) who offer meditations on their distinctive situations in concise, incantatory speeches often reminiscent of those in some dramatic works of Lorca. In these dialogues Aleixandre sought to summarize his vision of the human condition in nearly unadorned form, while maintaining the oracular manner he had cultivated in his earliest volumes.

• • • • • • • • • • • • • • •

Within the extensive and varied poetic output of Vicente Aleixandre, LA DESTRUCCIÓN O EL AMOR constitutes a uniquely personal challenge to the fates, a powerfully original expression of a worldview in formation. Throughout its fifty-four independent yet intimately related compositions, tensions created by dualities and multiplicities within the poet's soul, in the interpersonal domain, and between mankind and widely ranging manifestations of nature are portrayed resolving themselves through the confluence and interpenetration of mutually attracting entities of all kinds: meteorological (moon, stars), geological (rocks, lava), zoological (beetles, tigers), products of human industry (sheet metal, glass), as well as various constituents of the human body (lips, breasts) — all obedient to a universalized erotic impulse that simultaneously fulfills and obliterates each participant in the process. The very title of the volume displays this polarity: "destruction" on the one hand, "love" on the other, with the associative use of the conjunction "or" to suggest the identity of the two terms. Due to the frequency of its use throughout his verse compositions, this peculiar pairing of alternative terms ("Sea or serpent / sea or breath-stealing thief") became another hallmark of Aleixandre's syntax.

Amid this welter of diverse elements, those associated with the sky, bodies of water, the inner recesses of the earth and human anatomy tend to predominate. Immersed in the seeming chaos of these verses, readers gradually become attentive to frequent semantic, syntactic and phonic repetitions that combine to sustain recognizable variants of complex stellar and telluric images. Love, we discover, in its idiosyncratic Aleixandrean fashion, is actually at work after all in each of these poems. However, along with its insistence on the dominant role played by eros in the cosmic scheme, this vision of the ontological predicament also bears testimony to the pain and incoherence at all levels of being so disquieting to perceptive, sensitive persons. Indeed, it would be virtually impossible to ascertain which of the alternative persuasions (if either) could better characterize the poet's state of mind in the mid-1930s: the life-affirming or the life-negating. It seems clear, nevertheless, that this phase of tumultuous desperation during his early middle age was eventually overcome through a process of accommodation to larger societal issues, as is evidenced in the later poetry of increasing human solidarity.

Yet in spite of the differences in both substance and spirit that serve to set apart Aleixandre's more social-minded and contemplative phases from his largely surrealistic one, the former cannot be adequately understood without reference to the latter. Whether for its emphatic depiction of instability and its vision of an uncertain world, or due to its stunning originality of conception and the luxuriant plasticity of its imagery, LA DESTRUCCIÓN O EL AMOR may eventually prove to be Vicente Aleixandre's most enduring poetic legacy.

1

Jungle and Sea

Out among far-off
lights or steel blades still unused,
hatred-size tigers,
lions like a hairy heart,
blood like placated sadness,
are fighting with the yellow hyena whose figure is insatiable sunset.

Oh sudden whiteness,
violet-colored ears of withered eyes,
when beasts bare swords or teeth
like beats of a heart ignorant of almost everything
but love,
exposed on necks where the artery pulses,
where no one knows whether love or hate
is shimmering on white fangs.

Caressing the swarthy mane
while sensing a mighty paw within the earth,
while tree roots, trembling,
feel deep claws
like an invading love.

Watching the eyes that only glow by night,
where a devoured fawn still
displays its tiny image of nocturnal gold,
a farewell gleaming with posthumous tenderness.

Tiger, stalking lion, elephant carrying a smooth necklace on its tusks,
cobra resembling the most ardent love,
eagle caressing a rock like hardened brain,
little scorpion yearning only to squeeze life for an instant in its pincers,
diminished presence of a man's body that can never be mistaken for a forest,
joyful ground on which tiny sharp-eyed snakes are building their nest within
        the moss's armpit,
while the elegant ladybug
slips away from a silken magnolia leaf...
Everything resounds when murmurs from the ever-virgin forest
arise like two golden wings,
insect wings, bronze or rounded shell,
facing a sea that will never mingle its surf with tender branches.
Quiet waiting,

ever-fresh hopefulness,
bird, paradise, untouched feathers' pomp,
inventing the highest foliage
where musical fangs,
where mighty claws, self-wounding love,
burning blood gushing from the wound,
will never reach, no matter how far it rises,
how far half-open earth-bound breasts
may hurl their pain or passion toward azure skies.

Bird of bliss,
bird or feather blueness,
above the muffled sound of solitary beasts,
of love or punishment against sterile tree trunks,
facing a far-off sea withdrawing like the light.

La selva y el mar

Allá por las remotas
luces o aceros aún no usados,
tigres del tamaño del odio,
leones como un corazón hirsuto,
sangre como la tristeza aplacada,
se baten con la hiena amarilla que toma la forma del poniente insaciable.

Oh la blancura súbita,
las orejas violáceas de unos ojos marchitos,
cuando las fieras muestran sus espadas o dientes
como latidos de un corazón que casi todo lo ignora,
menos el amor,
al descubierto en los cuellos allá donde la arteria golpea,
donde no se sabe si es el amor o el odio
lo que reluce en los blancos colmillos.

Acariciar la fosca melena
mientras se siente la poderosa garra en la tierra,
mientras las raíces de los árboles, temblorosas,
sienten las uñas profundas
como un amor que así invade.

Mirar esos ojos que sólo de noche fulgen,
donde todavía un cervatillo ya devorado
luce su diminuta imagen de oro nocturno,
un adiós que centellea de póstuma ternura.

El tigre, el león cazador, el enfante que en sus colmillos lleva algún
     suave collar,
la cobra que se parece al amor más ardiente,
el águila que acaricia a la roca como los sesos duros,
el pequeno escorpión que con sus pinzas sólo aspira a oprimir un
     instante la vida,
la menguada presencia de un cuerpo de hombre que jamás podrá ser
     confundido con una selva,
ese piso feliz por el que viborillas perspicaces hacen su nido en la axila
     del musgo,
mientras la pulcra coccinela
se evade de una hoja de magnolia sedosa...
Todo suena cuando el rumor del bosque siempre virgen
se levanta como dos alas de oro,
élitros, bronce o caracol rotundo,
frente a un mar que jamás confundirá sus espumas con las ramillas tiernas.

La espera sosegada,
esa esperanza siempre verde,
pájaro, paraíso, fasto de plumas no tocadas,
inventa los ramajes más altos,
donde los colmillos de música,
donde las garras poderosas, el amor que se clava,
la sangre ardiente que brota de la herida,
no alcanzará, por más que el surtidor se prolongue,
por más que los pechos entreabiertos en tierra
proyecten su dolor o su avidez a los cielos azules.

Pájaro de la dicha,
azul pájaro o pluma,
sobre un sordo rumor de fieras solitarias,
del amor o castigo contra los troncos estériles,
frente al mar remotísimo que como la luz se retira.

No, Do Not Seek

I have loved you as never before.
You were blue like the end of night,
you were the impenetrable shell of a tortoise
hiding beneath the rock of light's fond arrival.
You were the awkward shadow
thickening between our fingers when we slept on the ground alone.

It would have been pointless to kiss your dark junction of alternating blood,
where suddenly your pulse was sailing
then suddenly was missing like a sea scorning the sand.
The living dryness of faded eyes,
the ones I watched behind your tears,
was a caress to wound my pupils
without my eyelids even closing in defense.

The ground has such a loving form
on summer nights
when lying on the earth we can caress this rolling world,
dark dryness,
deep deafness,
resistance to everything,
passing like whatever is remotest from a sob.

You, poor man who sleep
without noticing the cut-off moon
that, moaning, barely touches you;
you, who travel last
with dry bark turning in your arms,
do not kiss the faultless silence amid which
blood can never be spied on,
within which searching is useless for warmth
drunk through the lips,
making the body glow as if with bluish light on leaden nights.

No, do not seek the tiny droplet,
shrunken world or slightest blood,
teardrop that has throbbed
and come to rest your cheek on.

No busques, no

Yo te he querido como nunca.
Eras azul como noche que acaba,
eras la impenetrable caparazón del galápago
que se oculta bajo la roca de la amorosa llegada de la luz.
Eras la sombra torpe
que cuaja entre los dedos cuando en tierra dormimos solitarios.

De nada serviría besar tu oscura encrucijada de sangre alterna,
donde de pronto el pulso navegaba
y de pronto faltaba como un mar que desprecia a la arena.
La sequedad viviente de unos ojos marchitos,
de los que yo veía a través de las lágrimas,
era una caricia para herir las pupilas,
sin que siquiera el párpado se cerrase en defensa.

Cuán amorosa forma
la del suelo las noches del verano
cuando echado en la tierra se acaricia este mundo que rueda,
la sequedad oscura,
la sordera profunda,
la cerrazón a todo,
que transcurre como lo más ajeno a un sollozo.

Tú, pobre hombre que duermes
sin notar esa luna trunca
que gemebunda apenas si te roza;
tú, que viajas postrero
con la corteza seca que rueda entre tus brazos,
no beses el silencio sin falla por donde nunca
a la sangre se espía,
por donde será inútil la busca del calor
que por los labios se bebe
y hace fulgir el cuerpo como con una luz azul si la noche es de plomo.

No, no busques esa gota pequeñita,
ese mundo reducido o sangre mínima,
esa lágrima que ha latido
y en la que apoyar la mejilla descansa.

After Death

The reality living
in a sleeping kiss's depths,
where butterflies dare not fly
wishing not to disturb the love-still air.

Fortunate transparency
where breathing is not feeling a glass pane in the mouth,
nor inhaling an intractable blockage,
nor moving the chest ineffectually
while the livid face folds in like a flower.

No.
Lived reality
beats immense wings,
but far away – not impeding the flowers' gentle swaying I move within,
nor the passing of graceful birds
who pause a moment on my shoulder just in case...

Full sea, distant, solitary,
enclosed in a room,
reveals its long tongues at a window whose glass obstructs it,
where furious foams pile up their faces
tight against the pane though nothing can be heard.

Sea or serpent
sea or breast-stealing thief,
sea where my body
spent its life at the waves' mercy.

The reality I am living,
blissful transparency within which I will never call air hands,
never call hills kisses
nor river waters a maiden who eludes me.
Reality in which woods cannot be confused
with inflamed wrath's dreadful hair,
nor bellowing thunderclap be the voice calling me
when – my face hidden between my hands – an eagle-viewed rock is able to
    be a rock.

The reality I am living,
blissful, fortunate transparency in which the sound of a robe,
of an angel or of windy, sobbing flesh,
arrives like washed rain,
like an ever-green plant,
like uncharred soil, fresh and fragrant,
able to uphold weightless feet.

Everything moves on.
Reality passes by
like a joyful bird.
It takes me between its wings
like a weightless feather.
It carries me away from shadow, light, divine contagion.
It makes me an illusory feather
finally able to pass over the unmindful sea:
dense waters like black lips obliterating all distinctions.

Después de la muerte

La realidad que vive
en el fondo de un beso dormido,
donde las mariposas no se atreven a volar
por no mover el aire tan quieto como el amor.

Esa feliz transparencia
donde respirar no es sentir un cristal en la boca,
no es respirar un bloque que no participa,
no es mover el pecho en el vacío
mientras la cara cárdena se dobla como la flor.

No.
La realidad vivida
bate unas alas inmensas,
pero lejos – no impidiendo el blando vaivén de las flores en que me muevo,
ni el transcurso de los gentiles pájaros
que un momento se detienen en mi hombro por si acaso...

El mar entero, lejos, único,
encerrado en un cuarto,
asoma unas largas lenguas por una ventana donde el cristal lo impide,
donde las espumas furiosas amontonan sus rostros
pegados contra el vidrio sin que nada se oiga.

El mar o una serpiente,
el mar o ese ladrón que roba los pechos,
el mar donde mi cuerpo
estuvo en vida a merced de las ondas.

La realidad que vivo,
la dichosa transparencia en que nunca al aire lo llamaré unas manos,
en que nunca a los montes llamaré besos
ni a las aguas del río doncella que se me escapa.
La realidad donde el bosque no puede confundirse
con ese tremendo pelo con que la ira se encrespa,
ni el rayo clamoroso es la voz que me llama
cuando – oculto mi rostro entre las manos – una roca a la vista del águila
      puede ser una roca.

La realidad que vivo,
dichosa transparencia feliz en la que el sonido de una túnica,
de un ángel o de ese eólico solloza de la carne,
llega como lluvia lavada,
como esa planta siempre verde,
como tierra que, no calcinada, fresca y olorosa,
puede sustentar unos pies que no agravan.

Todo pasa.
La realidad transcurre
como un pájaro alegre.
Me lleva entre sus alas
como pluma ligera.
Me arrebata a la sombra, a la luz, al divino contagio.
Me hace pluma ilusoria
que cuando pasa ignora el mar que al fin ha podido:
esas aguas espesas que como labios negros ya borran lo distinto.

Symphonic Night

Music makes sad gloves,
a nearly transparent veil across our faces,
or at times, when the melody is heated,
entangles our waists like a troublesome iron frame.

It may be seeking a way of setting our hearts on our tongues,
of lending sleep a certain bluish taste,
of shaping a hand to precisely encircle our waists
and, if need be, slice us through like slender worms.

Our heads would fall on quivering lawn,
where our tongues linger over a sweet violin-like taste,
where fragrant cedar sings
like unending hair.

Our breasts on the ground are harp-shaped,
but how mutely they hide their kiss,
water arpeggio formed by lips
approaching a current while lilies are singing.

This intimate transcience,
briefest scale of our rolling hands:
how serious they are when, with wrists already severed,
they allow their blood to fade away like a zestless note.

Then soft melodies still are pulsing through our necks,
there is a wailing of violas and of stars
and a blunted moon, with broken bow,
sends mutely down its woodless lights.

What sadness is a shattered body at night, what silence,
what distant moaning of inaudible pealings,
what a fugue of bone-white flutes
when the round moon withdraws in deafness.

Noche sinfónica

La música pone unos tristes guantes,
un velo por el rostro casi transparente,
o a veces, cuando la melodía es cálida,
se enreda en la cintura penosamente como una forma de hierro.

Acaso busca la forma de poner el corazón en la lengua,
de dar al sueño cierto sabor azul,
de modelar una mano que exactamente abarque el talle
y si es preciso nos seccione como tenues lombrices.

Las cabezas caerían sobre el césped vibrante,
donde la lengua se detiene en un dulce sabor a violines,
donde el cedro aromático canta
como perpetuos cabellos.

Los pechos por tierra tienen forma de arpa,
pero cuán mudamente ocultan su beso,
ese arpegio de agua que hacen unos labios
cuando se acercan a la corriente mientras cantan las liras.

Ese transcurrir íntimo,
la brevísima escala de las manos al rodar:
qué gravedad la suya cuando, partidas ya las muñecas,
dejan perderse su sangre como una nota tibia.

Entonces por los cuellos dulces melodías aún circulan,
hay un clamor de violas y estrellas
y una luna sin punta, roto el arco,
envía mudamente sus luces sin madera.

Qué tristeza un cuerpo deshecho de noche, qué silencio,
qué remoto gemir de inoíbles tañidos,
qué fuga de flautas blancas como el hueso
cuando la luna redonda se aleja sin oído.

Unity in Her

Fortunate body flowing between my hands,
beloved face in which I contemplate the world,
where graceful birds, in fleeting mimicry,
are flying toward the land of unforgetfulness.

Your outward form, diamond or hardened ruby,
brilliance of a blinding sun between my hands,
crater calling me with its inner music,
with your teeth's impenetrable summons.

I will die because I am plunging in, because I want to die,
because I want to live inside the fire, for mine is not this outer air
but heated breath burning at my approach
and gilding my lips within its depths.

Let me gaze and gaze, tinged with love,
my face flushed by your purple life,
let me gaze at the deep tumult of your core
where I will die and forever relinquish living.

I want love or death, I want to die completely,
I want to be you, your blood, the roaring lava
bathing your beautiful extremities
while sensing in its confinement life's glorious limits.

This kiss on your lips like a slow thorn,
like a flown-away sea made into a mirror,
like a wing's luster,
is still a pair of hands, a stroking of your rustling hair,
a crackling of avenging light,
light or death-dealing sword poised threatening above my neck,
but never able to destroy this world's unity.

Unidad en ella

Cuerpo feliz que fluye entre mis manos,
rostro amado donde contemplo el mundo,
donde graciosos pájaros se copian fugitivos,
volando a la región donde nada se olvida.

Tu forma externa, diamante o rubí duro,
brillo de un sol que entre mis manos deslumbra,
cráter que me convoca con su música íntima,
con esa indescifrable llamada de tus dientes.

Muero porque me arrojo, porque quiero morir,
porque quiero vivir en el fuego, porque este aire de fuera
no es mío, sino el caliente aliento
que si me acerco quema y dora mis labios desde un fondo.

Deja, deja que mire, teñido del amor,
enrojecido el rostro por tu purpúrea vida,
deja que mire el hondo clamor de tus entrañas
donde muero y renuncio a vivir para siempre.

Quiero amor o la muerte, quiero morir del todo,
quiero ser tú, tu sangre, esa lava rugiente
que regando encerrada bellos miembros extremos
siente así los hermosos límites de la vida.

Este beso en tus labios como una lenta espina,
como un mar que voló hecho un espejo,
como el brillo de un ala,
es todavía unas manos, un repasar de tu crujiente pelo,
un crepitar de la luz vengadora,
luz o espada mortal que sobre mi cuello amenaza,
pero que nunca podrá destruir la unidad de este mundo.

Nimble Sea

The sea punishes the sharp clatter of boots
passing by unafraid to tread on faces
kissing on smooth sand,
taking the form of shells closed in pairs.

The sea beats only like a mirror,
like an illusion of air,
vertical glass on which desert dryness
feigns water or the sound of swords pursuing each other.

The sea, enclosed in a gaming die,
unleashes its fury or imprisoned drop,
a heart whose edges would flood the world
and can only contract with its smile or boundary.

The sea throbs like thistledown,
like the ease of flying skyward,
the aerial lightness of whatever supports nothing,
of what is only a youthful breast sighing.

Sea or infatuated feather,
or liberated feather
or graceful negligence,
sea or elusive foot
annulling the abyss with nimble body's flight.

Sea or new green palms,
gladly yielding in virgins' hands,
reposing on their breasts forgetful of the depths,
delightful surface rippled by gentle wind.

Sea perhaps or even hair,
adornment,
exquisite crest,
flower that, nodding on a bluish ribbon,
once detached, will fly away like pollen.

El mar ligero

El mar castiga el clamor de las botas en seco
que pasan sin miedo de pisar a los rostros,
a aquellos que besándose sobre la arena lisa
toman formas de conchas de dos en dos cerradas.

El mar bate sólo como un espejo,
como una ilusión de aíre,
ese cristal vertical donde la sequedad del desierto
finge un agua o un rumor de espadas persiguiéndose.

El mar, encerrado en un dado,
desencadena su furia o gota prisionera,
corazón cuyos bordes inundarían al mundo
y sólo pueden contraerse con su sonrisa o límite.

El mar palpita como el vilano,
como esa facilidad de volar a los cielos,
aérea ligereza de lo que a nada sustenta,
de lo que sólo es suspiro de un pecho juvenil.

El mar o pluma enamorada,
o pluma libertada,
o descuido gracioso,
el mar o pie fugaz
que cancela el abismo huyendo con un cuerpo ligero.

El mar o palmas frescas,
las que con gusto se ceden en manos de las vírgenes,
las que reposan en los pechos olvidadas del hondo,
deliciosa superficie que un viento blando riza.

El mar acaso o ya el cabello,
el adorno,
el airón último,
la flor que cabecea en una cinta azulada,
de la que, si se desprende, volará como polen.

Without Light

Swordfish, with weariness due above all to the impossibility of piercing
    shadows,
of feeling in its flesh the seabed coldness where blackness cannot love,
where fresh yellow algae
within primal waters gilded by the sun are missing.

Moaning sadness of that motionless swordfish whose eye cannot turn,
whose calm rigidity is hurtful to its pupil,
whose teardrop glides among the very waters
while its saddest yellow goes unnoticed.

Seabed where the motionless fish breathes mud through its gills,
water like air,
minute dust
excited by feigning a dream fantasy,
and monotonously becalmed as it covers the still bottom
bearing the highest mountain's weight, whose tops quiver
like – yes – a bewildering dream's crest.

Overhead the surf, widestrewn hair,
moves unaware of its depth-bound muddy feet,
of their impossible uprooting from the abyss,
their impossible rising on green wings above unfathomed dryness
to swift escape, fearless of the burning sun.

White heads of hair, youthful joys,
struggle seething, filled with fish
 – with new increasing life –,
to raise their voices in the young air,
where a glittering sun
turns love into silver, embraces into gold,
with skins blended together,
a merging of breasts like fortresses appeased by uniting.

But the deep is throbbing like a lone abandoned fish.
To no avail a blissful forehead
may become incrusted with blue like a surrendering sun,
like love visiting human creatures.

To no avail an entire boundless sea
may sense its fish amid the foam as if they were birds.

Heat stolen by motionless opaque depths,
unshakable base of the thousand-year column
crushing a drowned nightingale's wing,
a beak that used to sing of elusive love,
rejoicing among feathers warmed beneath a new sun.

Lightless depths where weeping does not exist,
where an eye is not turning in its dry socket,
swordfish unable to pierce the shadows,
where pacified ooze never mimics a worn-out dream.

Sin luz

El pez espada, cuyo cansancio se atribuye ante todo a la imposibilidad de
      horadar a la sombra,
de sentir en su carne la frialdad del fondo de los mares donde el negror
      no ama,
donde faltan aquellas frescas algas amarillas
que el sol dora en las primeras aguas.

La tristeza gemebunda de ese inmóvil pez espada cuyo ojo no gira,
cuya fijeza quieta lastima su pupila,
cuya lágrima resbala entre las aguas mismas
sin que en ellas se note su amarillo tristísimo.

El fondo de ese mar donde el inmóvil pez respira con sus branquias un barro,
ese agua como un aire,
ese polvillo fino
que se alborota mintiendo la fantasía de un sueño,
que se aplaca monótono cubriendo el lecho quieto
donde gravita el monte altísimo, cuyas crestas se agitan
como penacho – sí – de un sueño oscuro.

Arriba las espumas, cabelleras difusas,
ignoran los profundos pies de fango,
esa imposibilidad de desarraigarse del abismo,
de alzarse con unas alas verdes sobre lo seco abisal
y escaparse ligero sin miedo al sol ardiente.

Las blancas cabelleras, las juveniles dichas,
pugnan hirvientes, pobladas por los peces
– por la creciente vida que ahora empieza – ,
por elevar su voz al aire joven,
donde un sol fulgurante
hace plata el amor y oro los abrazos,
las pieles conjugadas,
ese unirse los pechos como las fortalezas que se aplacan fundiéndose.

Pero el fondo palpita como un solo pez abandonado.
De nada sirve que una frente gozosa
se incruste en el azul como un sol que se da,
como amor que visita a humanas criaturas.

De nada sirve que un mar inmenso entero
sienta sus peces entre espumas como si fueran pájaros.

El calor que le roba el quieto fondo opaco,
la base inconmovible de la milenaria columna
que aplasta un ala de ruiseñor ahogado,
un pico que cantaba la evasión del amor,
gozoso entre unas plumas templadas a un sol nuevo.

Ese profundo oscuro donde no existe el llanto,
donde un ojo no gira en su cuévano seco,
pez espada que no puede horadar a la sombra,
donde aplacado el limo no imita un sueño agotado.

Mine

Be quiet, be still. I am not sea, not sky,
neither am I the world you live in.
I am nameless warmth moving over cold rocks,
across sands where a sorrow left its imprint,
across a face sleeping like flowers sleep
when, dreaming, they understand they were never iron.

I am the sun struggling beneath the earth to break it
like a most solitary arm that finally rends ajar its prison
and rises shouting while birds flee.

I am a threat to the heavens with my clenched fist,
dream of a mountain or ocean no one has removed
yet one night runs off like a nimble sea.

I am the glitter of fish feigning a net of desires above the water,
a mirror for the moon to watch itself, trembling,
the sparkle of eyes vanishing
when night or cloud close like a hand.

Let me then, understanding iron to be the health of living,
to be radiance born of itself
waiting only to wound the lone soft earth like death,
let me raise a pick and split the rock,
the changeless surface waters never touch.

Here on the shore, with deep blue nearly being black,
while lightning flash or funereal mourning, or mirrors perhaps, pass by,
let me allow light to break against steel,
fury, in the guise of love or death, driving into this stone,
into this mouth or teeth that will fly off moonlessly.

Let me, yes, let me dig, dig ceaselessly,
down to your heated nest or feathery warmth,
down to your sweet flesh where birds are sleeping,
loves of a day when outside the sun is shining.

Mina

Calla, calla. No soy el mar, no soy el cielo,
ni tampoco soy el mundo en que tú vives.
Soy el calor que sin nombre avanza sobre las piedras frías,
sobre las arenas donde quedó la huella de un pesar,
sobre el rostro que duerme como duermen las flores
cuando comprenden, soñando, que nunca fueron hierro.

Soy el sol que bajo la tierra pugna por quebrantarla
como un brazo solísimo que al fin entreabre su cárcel
y se eleva clamando mientras las aves huyen.

Soy esa amenaza a los cielos con el puño cerrado,
sueño de un monte o mar que nadie ha transportado
y que una noche escapa como un mar tan ligero.

Soy el brillo de los peces que sobre el agua finge una red de deseos,
un espejo donde la luna se contempla temblando,
el brillo de unos ojos que pueden deshacerse
cuando la noche o nube se cierran como mano.

Dejadme entonces, comprendiendo que el hierro es la salud de vivir,
que el hierro es el resplandor que de sí mismo nace
y que no espera sino la única tierra blanda a que herir como muerte,
dejadme que alce un pico y que hienda a la roca,
a la inmutable faz que las aguas no tocan.

Aquí a la orilla, mientras el azul profundo casi es negro,
mientras pasan relámpagos o luto funeral, o ya espejos,
dejadme que se quiebre la luz sobre el acero,
ira que, amor o muerte, se hincará en esta piedra,
en esta boca o dientes que saltarán sin luna.

Dejadme, sí, dejadme cavar, cavar sin tregua,
cavar hasta ese nido caliente o plumón tibio,
hasta esa carne dulce donde duermen los pájaros,
los amores de un día cuando el sol luce fuera.

Come Always, Come

Do not come near. Your forehead, your burning forehead, your glowing
    forehead,
traces of kisses,
radiance I feel even by day if you approach,
contagious glow remaining on my hands,
luminous river into which I plunge my arms,
from which I hardly dare to drink, fearing afterwards the harsh life of stars.

I do not want you living within me as light lives,
in the isolation of a star fusing with its light,
being denied love across hard blue space
that separates without uniting,
where each inaccessible star
is a moaning solitude transmitting its sadness.

Loneliness flashes out into the loveless world.
Life is vivid crust,
motionless, wrinkled skin
where a man can find no rest,
for all his pitting of dreams against a burned-out star.

But do not come near. Your gleaming forehead, burning coal wrenching me
    away from consciousness itself,
glowing sorrow tempting me with a sudden urge to die,
to scorch my lips by indelible contact with you,
to feel my flesh dissolve against your incinerating diamond.

Do not come near, because your kiss endures like stars' impossible
    collision,
like space suddenly bursting into flame,
propagating ether in which the destruction of worlds
is a single fiery heart wholly consuming itself.

Come, come, come like dark burned-out coal enclosing a death;
come like blind night's face approaching mine;
come like both lips stamped with red,
with the long metal-fusing line.

Come, come, my love; come, impenetrable forehead, nearly rolling roundness
shining like an orbit fated to die in my arms;
come like two eyes or two bottomless solitudes,
two urgent calls from an unknown depth.

Come, come, death, love; come quickly, I will destroy you;
come, I want to kill or love or die or give you everything;
come, rolling like a fickle stone,
like a bewildered moon seeking my rays!

Ven siempre, ven

No te acerques. Tu frente, tu ardiente frente, tu encendida frente,
las huellas de unos besos,
ese resplandor que aún de día se siente si te acercas,
ese resplandor contagioso que me queda en las manos,
ese río luminoso en que hundo mis brazos,
en el que casi no me atrevo a beber, por temor después a ya una dura
      vida de lucero.

No quiero que vivas en mí como vive la luz,
con ese ya aislamiento de estrella que se une con su luz,
a quien el amor se niega a través del espacio
duro y azul que separa y no une,
donde cada lucero inaccesible
es una soledad que, gemebunda, envía su tristeza.

La soledad destella en el mundo sin amor.
La vida es una vívida corteza,
una rugosa piel inmóvil
donde el hombre no puede encontrar su descanso,
por más que aplique su sueño contra un astro apagado.

Pero tú no te acerques. Tu frente destellante, carbón encendido que me
      arrebata a la propia conciencia,
duelo fulgúreo en que de pronto siento la tentación de morir,
de quemarme los labios con tu roce indeleble,
de sentir mi carne deshacerse contra tu diamante abrasador.

No te acerques, porque tu beso se prolonga como el choque imposible
      de las estrellas,
como el espacio que súbitamente se incendia,
éter propagador donde la destrucción de los mundos
es un único corazón que totalmente se abrasa.

Ven, ven, ven como el carbón extinto oscuro que encierra una muerte;
ven como la noche ciega que me acerca su rostro;
ven como los dos labios marcados por el rojo,
por esa línea larga que funde los metales.

Ven, ven, amor mío; ven, hermética frente, redondez casi rodante
que luces como una órbita que va a morir en mis brazos;
ven como dos ojos o dos profundas soledades,
dos imperiosas llamadas de una hondura que no conozco.

¡Ven, ven, muerte, amor; ven pronto, te destruyo;
ven, que quiero matar o amar o morir o darte todo;
ven, que ruedas como liviana piedra,
confundida como una luna que me pide mis rayos!

2

June

Sea, hidden wall,
fish rocked by a breeze or a sigh,
in water streaming from a glance
hanging among trees, oh silver fish, oh mirror.

Warm June rocking wind or flowers,
ring of people, girls, arms like kisses,
unclasped June hands appearing
suddenly amid snow still weeping for me.

Cords, teeth trembling among branches;
a city, the ring, their perfume;
sea, verdant forest, verdant height,
sea growing on my shoulders like constant warmth.

I cannot say if this thread upholding
two hearts, metal plates or a breeze,
knows how to yield to the sound of bells,
sweet pendulum trembling in the wind.

Girls only profiles, sweetly
turned aside, move forward – fear, fear –;
two sad hearts ring, throb,
the sound of bells without a destiny.

June, fleeting, joyous springtime,
trees of everything alive, fish, birds,
sugar-colored girls winding
water reflecting a useless sky.

Junio

Mar, oculta pared,
pez mecido entre un aire o suspiro,
en ese agua surtida de una mirada
que cuelga entre los árboles, oh pez plata, oh espejo.

Junio caliente viento o flores mece,
corro o niñas, brazos como besos,
sueltas manos de junio que aparecen
de pronto en una nieve que aún me llora.

Cuerdas, dientes temblando en las ramas;
una ciudad, la rueda, su perfume;
mar, bosque de lo verde, verde altura,
mar que crece en los hombros como un calor constante.

Yo no sé si este hilo que sostiene
dos corazones, láminas o un viento,
sabe ceder a un rumor de campanas,
péndulo dulce a un viento estremecido.

Niñas sólo perfiles, dulcemente
ladeados, avanzan – miedo, miedo – ;
dos corazones tristes suenan, laten,
rumor de unas campanas sin destino.

Junio, fugaz, alegre primavera,
árboles de lo vivo, peces, pájaros,
niñas color azúcar devanando
un agua que refleja un cielo inútil.

Life

A paper bird in the breast
says the kissing time has not arrived;
living, living, sun crackling invisibly,
kisses or birds, late or soon or never.
For dying a little sound suffices,
of another's heart falling silent,
or another's lap become a gilded vessel
for flaxen hair on land.
Grieving head, golden temples, sun about to set;
here in the shadows I am dreaming of a river,
reeds of green blood now being born,
dream resting on you warmth or life.

Vida

Un pájaro de papel en el pecho
dice que el tiempo de los besos no ha llegado;
vivir, vivir, el sol cruje invisible,
besos o pájaros, tarde o pronto o nunca.
Para morir basta un ruidillo,
el de otro corazón al callarse,
o ese regazo ajeno que en la tierra
es un navío dorado para los pelos rubios.
Cabeza dolorida, sienes de oro, sol que va a ponerse;
aquí en la sombra sueño con un río,
juncos de verde sangre que ahora nace,
sueño apoyado en ti calor o vida.

Tomorrow I Will Not Live

Slowly kissing you this way I smother a bird,
blind toothless oblivion refusing to love me,
nearly silent vapor soon becoming a tear
when you lie extended like a motionless lake without a day.

Kissing you like this your moisture is not thought,
not high mountain or flesh,
for an embrace on the abyss's brink is never more difficult.

This way I have you nearly at the edge,
tender risk, sprouting bud, perfect balance,
I have you between sky and deep
on the edge like being or being loved on the edge.

Your wings like arms,
fond insistence in this air of mine,
nearly create cheeks or soft feathers or an arrival in port,
beating while I forget the teeth beneath your lips.

None of you should wait for me tomorrow – oblivion, oblivion –;
no, sun, not one of you should wait when form rises toward black
      crescent day;
unknown panthers – corpse or kiss –,
only shadow or extinguished sound, the day will find me.

Mañana no viviré

Así besándote despacio ahogo un pájaro,
ciego olvido sin dientes que no me ama,
casi humo en silencio que pronto es lágrima
cuando tú como lago quieto tendida estás sin día.

Así besándote tu humedad no es pensamiento,
no alta montaña o carne,
porque nunca al borde del precipicio cuesta más el abrazo.

Así te tengo casi filo,
riesgo amoroso, botón, equilibrio,
te tengo entre el cielo y el fondo
al borde como ser o al borde amada.

Tus alas como brazos,
amorosa insistencia en este aire que es mío,
casi mejillas crean o plumón o arribada,
batiendo mientras me olvido de los dientes bajo tus labios.

No me esperéis mañana – olvido, olvido – ;
no, sol, no me esperéis cuando la forma asciende al negro día creciente;
panteras ignoradas – un cadáver o un beso – ,
sólo sonido extinto o sombra, el día me encuentra.

Come, Please Come

Out where the sea no longer beats,
where sadness shakes its glassy mane,
where softly exhaled breath
is not a metal butterfly, but fresh air instead.

Softened, gentle air
where words are whispered as into an ear.
Where a few weak feathers resounding
within the rose-hued ear are insistent love.

Who loves me? Who says love is a folded ax,
a weariness splitting the body at the waist,
a painful archway through which light nimbly passes
never touching anyone?

Forest trees are singing as though they were birds.
A colossal arm enfolds the jungle like a waist.
A bird gilded by never-ending light
is ever seeking lips through which to flee its prison.

But the sea cannot beat like a heart,
nor can glass or remote stone's hair
do more than take on the sun's full glow without returning it.
Nor are the numberless fish inhabiting far-off skies
other than a distant pupil's slowest-running waters.

Then this woodland, this speck of sand,
this bird escaping from a breast,
this breath emerging from half-open lips,
this butterfly pair fated soon to be in love...

This nearby ear listening to my words,
this flesh I love with my airy kisses,
this body I clasp as if it were a name,
this rain falling on my outstretched body,
this freshness of a sky with smiling teeth,
with lengthening arms, with a sun beginning to rise,
with total music invading everything and singing,
while cardboard, string, deceptive fabrics,
painful burlap, the rejected world,
retreats like a sea roaring without a destiny.

Ven, ven tú

Allá donde el mar no golpea,
donde la tristeza sacude su melena de vidrio,
donde el aliento suavemente espirado
no es una mariposa de metal, sino un aire.

Un aire blando y suave
donde las palabras se murmuran como a un oído.
Donde resuenan unas débiles plumas
que en la oreja rosada son el amor que insiste.

¿Quién me quiere? ¿Quién dice que el amor es un hacha doblada,
un cansancio que parte por la cintura el cuerpo,
un arco doloroso por donde pasa la luz
ligeramente sin tocar nunca a nadie?

Los árboles del bosque cantan como si fueran aves.
Un brazo inmenso abarca la selva como una cintura.
Un pájaro dorado por la luz que no acaba
busca siempre unos labios por donde huir de su cárcel.

Pero el mar no golpea como un corazón,
ni el vidrio o cabellera de una lejana piedra
hace más que asumir todo el brillo del sol sin devolverlo.
Ni los peces innumerables que pueblan otros cielos
son más que las lentísimas aguas de una pupila remota.

Entonces este bosque, esta mota de sangre,
este pájaro que se escapa de un pecho,
este aliento que sale de unos labios entreabiertos,
esta pareja de mariposas que en algún punto va a amarse...

Esta oreja que próxima escucha mis palabras,
esta carne que amo con mis besos de aire,
este cuerpo que estrecho como si fuera un nombre,
esta lluvia que cae sobre mi cuerpo extenso,
este frescor de un cielo en el que unos dientes sonríen,
en el que unos brazos se alargan, en que un sol amanece,
en que una música total canta invadiéndolo todo,
mientras el cartón, las cuerdas, las falsas telas,
la dolorosa arpillera, el mundo rechazado,
se retira como un mar que muge sin destino.

Rebellious Dawn

Amid the white handkerchiefs' farewells
dawn arrives in its bronze nudity,
with a youthful firmness
at times withstanding love itself.

It arrives with resonant body
on which only kisses still seem cold,
but over which the sun flames eagerly forth
roundly lighting up the vanquished landscape.

If nearby a river imitates a curve,
do not confuse it with an arm;
if further up a mountain wants to form,
it will barely contrive to mimic a shoulder,
and if a bird flies quickly by again
someone will surely mistake it for nimble teeth.

There is no whiteness.
Liveliest yellowness,
nascent pinkness,
incipient red
are like waves overlapping until finally spending themselves within a cove,
where day pours riotously in.

Perhaps within a youthful body's throat
tiny red fish are swimming about,
are vanishing,
kisses are bubbles,
are the greyness fading from the bottom of the wineglass
when someone's lips approach to touch it;
are the intense, lidless eye revealing at the bottom
by its constant gaze that it will never die.

But wind cannot injure that body,
nor can loving arms diminish its slender waist,
nor can rounded, fleeting hands
subdue with heat its liberated breasts.

Hair rolls in waves like freshest stone,
new, rebellious rock defying its limits,
never willing to sing, enclosed within a fist,
the song of tightly pressed lips.

Sun or luminous water
burnishes the fully upright surface,
where no bird will ever stay its feathered ball,
nor as couples will they ever love beneath cold arms.

A mouth with snow-size wings
lays on its neck a lighted coal.
An unconcerned glass butterfly appears,
mirror facing the zenith with aversion to lights.

Aurora insumisa

En medio de los adioses de los pañuelos blancos
llega la aurora con su desnudo de bronce,
con esa dureza juvenil
que a veces resiste hasta el mismo amor.

Llega con su cuerpo sonoro
donde sólo los besos resultan todavía fríos,
pero donde el sol se rompe ardientemente
para iluminar en redondo el paisaje vencido.

Si en las cercanías un río imita una curva,
no confundirlo, no, con un brazo;
si más arriba quiere formarse una montaña,
apenas si conseguirá imitar algún hombro,
y si un pájaro repasa velozmente
no faltará quien lo equivoque con unos dientes ligeros.

La blancura no existe.
La amarillez vivísima,
el color rosa naciente,
el incipiente rojo
son como ondas sobrepasándose hasta derribarse en el seno,
donde el día se vierte tumultuosamente.

Quizá por la garganta del cuerpo juvenil
los rojos pececillos circulan,
se extinguen,
los besos son burbujas,
son ese gris que falla en el fondo de la copa
cuando alguno intenta acercarle los labios;
son ese ojo profundo sin párpado que en el fondo
demuestra con su fijeza que nunca ha de acabarse.

Pero el viento no puede lastimar ese cuerpo,
ni los brazos del amor conseguirán disminuir la fina cintura,
ni esas redondas manos pasajeras
reducirán a calor los pechos liberados.

El cabello ondea como la piedra más reciente,
roca nueva insumisa rebelde a sus límites,
la que jamás encerrada en un puño
cantará la canción de los labios apretados.

El sol o el agua luminosa
bruñe la superficie erguidísima,
donde nunca un pájaro detendrá su bola de pluma,
ni se amarán por parejas bajo los brazos fríos.

Una boca con alas del tamaño de la nieve
pone en el cuello su carbón encendido.
Brota una mariposa de cristal impasible,
espejo hacia el cenit que repugna las luces.

Landscape

From afar I hear your voice resounding in this field,
mixed with sounds of the transparent water I contemplate from here;
your voice or youthfulness, signal I always heed
when treading this succulent ever-moist greenness.

Neither quality of glass,
nor quality of flesh, but human tenderness,
fugitive surf, voice or banner or mountains,
blueness always promised in the distance.

No, you do not exist and yet you are.
Your name is living being,
your name is heart understanding me without my suspecting it,
your name is one who writes a longing, a life on water,
your name is one who sighs while observing the heavens' blue.

Your name is not murmuring thunder rolling
solely like a head parted from its trunk.
Nor are you a lightning bolt or sudden thought
ascending from the breast to escape through the eyes.

No, you are not watching, illuminating the field,
that secret field where you sometimes lie,
resounding river or woodland reaching its limits,
facing the blue boundary where hands are clasping.

Your heart taking a nimble cloud's form
passes over blue eyes,
above a clearness reflecting the sun;
it passes, and that gaze unknowingly becomes gray,
a lake to which you, oh bird, do not descend while flying by.

Bird, cloud or finger writing without memory;
night moon trodden by naked feet;
flesh or fruit, gaze simulating a river on land;
heart beating in the mouth like wings.

Paisaje

Desde lejos escucho tu voz que resuena en este campo,
confundida con el sonido de este agua clarísima que desde aquí contemplo;
tu voz o juventud, signo que siempre oigo
cuando piso este verde jugoso siempre húmedo.

No calidad de cristal,
no calidad de carne, pero ternura humana,
espuma fugitiva, voz o enseña o unos montes,
ese azul que a lo lejos es siempre prometido.

No, no existes y existes.
Te llamas vivo ser,
te llamas corazón que me entiende sin que yo lo sospeche,
te llamas quien escribe en el agua un anhelo, una vida,
te llamas quien suspira mirando el azul de los cielos.

Tu nombre no es el trueno rumoroso que rueda
como sólo una cabeza separada del tronco.
No eres tampoco el rayo o súbito pensamiento
que ascendiendo del pecho se escapa por los ojos.

No miras, no, iluminando ese campo,
ese secreto campo en el que a veces te tiendes,
río sonoro o monte que consigue sus límites,
frente a la raya azul donde unas manos se estrechan.

Tu corazón tomando la forma de una nube ligera
pasa sobre unos ojos azules,
sobre una limpidez en que el sol se refleja;
pasa, y esa mirada se hace gris sin saberlo,
lago en que tú, oh pájaro, no desciendes al paso.

Pájaro, nube o dedo que escribe sin memoria;
luna de noche que pisan unos desnudos pies;
carne o fruta, mirada que en tierra finge un río;
corazón que en la boca bate como las alas.

Youth

Just so do I caress a willing cheek.
Do you love me? You love me like small gentle animals
love their tame inexplicable sadness.
Love me like the silk dress
loves its dark nightly stillness.
Empty body, motionless air, glass outwardly
crying cool, passionless tears.

Sweet stillness, room upright and warm,
not unaware of the external moon, yet sensing its dark
unkissed breasts without saliva or milk.

Aching, feverless body, only in the morning
having tainted snow-like eyes
and tinted lemon pinkness on its lips,
with hands yearning to be nearly half-open flowers.

But no. Youth, expectancy, joy, warmth or light,
marble floor where flesh lies prostrate,
body, opal room nearly sensing an eyelid,
lips sealed while thighs are singing!

Juventud

Así acaricio una mejilla dispuesta.
¿Me amas? Me amas como los dulces animalitos
a su tristeza mansa inexplicable.
Ámame como el vestido de seda
a su quietud oscura de noche.
Cuerpo vacío, aire parado, vidrio que por fuera
llora lágrimas de frío sin deseo.

Dulce quietud, cuarto que en pie, templado,
no ignora la luna exterior, pero siente sus pechos
oscuros no besados sin saliva ni leche.

Cuerpo que sólo por la mañana, dolido,
sin fiebre, tiene ojos de nieve tocada
y un rosa en los labios como limón teñido,
cuando sus manos quisieran ser flores casi entreabiertas.

Pero no. ¡Juventud, ilusión, dicha, calor o luz,
piso de mármol donde la carne está tirada,
cuerpo, cuarto de ópala que siente casi un párpado,
unos labios pegados mientras los muslos cantan!

R. MOWRY 98

For You, Alive

> To place a finger upon a human body
> is to touch the heavens.
>
> > NOVALIS.

When I contemplate your outstretched body
like a river never ceasing in its flow,
like a transparent mirror with singing birds,
through which dawning day delights the senses.

When I gaze into your eyes, deep-dwelling death or life summoning me,
song of a depth I can only guess is there;
when I see your figure, your peaceful forehead,
shining stone on which my kisses sparkle,
like rocks reflecting a never-setting sun.

When I move my lips toward that uncertain music,
sound of eternal youthfulness,
of earthly fervor singing amid the greenness,
sultry body always sliding away
like joyful love escaping and returning...

I feel the earth turn beneath my feet,
turning swiftly, ever with star-like facility,
with the cheerful generosity of a bright star
not even seeking a sea in which to duplicate itself.

Everything astonishes. The gleaming world
senses a sea become suddenly naked, tremulous,
become your feverish yearning breast
seeking light's radiance alone.

Creation is shimmering. Tranquil bliss
moves abroad like pleasure never fully known,
like love's swift rising
to where wind cleaves to blindest foreheads.

Contemplating your body by no light other than your own,
than nearby music uniting birds,
waters, forest, in the legato cadence
of the perfect world I feel this moment on my lips.

A ti, viva

Es tocar el cielo, poner el dedo
sobre un cuerpo humano.

NOVALIS.

Cuando contemplo tu cuerpo extendido
como un río que nunca acaba de pasar,
como un claro espejo donde cantan las aves,
donde es un gozo sentir el día cómo amanece.

Cuando miro a tus ojos, profunda muerte o vida que me llama,
canción de un fondo que sólo sospecho;
cuando veo tu forma, tu frente serena,
piedra luciente en que mis besos destellan,
como esas rocas que reflejan un sol que nunca se hunde.

Cuando acerco mis labios a esa música incierta,
a ese rumor de lo siempre juvenil,
del ardor de la tierra que canta entre lo verde,
cuerpo que húmedo siempre resbalaría
como un amor feliz que escapa y vuelve...

Siento el mundo rodar bajo mis pies,
rodar ligero con siempre capacidad de estrella,
con esa alegre generosidad del lucero
que ni siquiera pide un mar en que doblarse.

Todo es sorpresa. El mundo destellando
siente que un mar de pronto está desnudo, trémulo,
que es ese pecho enfebrecido y ávido
que sólo pide el brillo de la luz.

La creación riela. La dicha sosegada
transcurre como un placer que nunca llega al colmo,
como esa rápida ascensión del amor
donde el viento se ciñe a las frentes más ciegas.

Mirar tu cuerpo sin más luz que la tuya,
que esa cercana música que concierta a las aves,
a las aguas, al bosque, a ese ligado latido
de este mundo absoluto que siento ahora en los labios.

Seashore

When all is said and done heat is the same as cold,
a tiny gentle orange-colored ant,
a soundless guitar in the night,
a woman stretched out like shells,
a sea like two lips on the sand.

A snail like blood,
weak finger crawling across wet skin,
a sky upheld by snowy shoulders
and the anguish of rounded words in the chest.

Fiery oranges would roll through nightly blue.
A childlike soul is the same as its melted shadow,
shedding thin tears is the same
as biting small pieces of living ice.

Your rounded heart like a playing card
seen in profile is a mirror,
seen straight on perhaps thick cream
and seen from high above a thin sheet of paper.

But not thin enough to preclude blood,
and blue ships,
and a handkerchief's farewell that suddenly stops.
Everything a bird hides among its feathers.

Oh my marvel,
oh sweet secret of conversing with the sea,
of softly holding between the teeth
white gravel yet to see the moon.
Green ocean night not flying on the tongue,
and falling asleep exhausted like music or a nest.

Orillas del mar

Después de todo lo mismo da el calor que el frío,
una dulce hormiguita color naranja,
una guitarra muda en la noche,
una mujer tendida como las conchas,
un mar como dos labios por la arena.

Un caracol como una sangre,
débil dedo que se arrastra sobre la piel mojada,
un cielo que sostienen unos hombros de nieve
y ese ahogo en el pecho de palabras redondas.

Las naranjas de fuego rodarían por el azul nocturno.
Lo mismo da un alma niña que su sombra derretida
da lo mismo llorar unas lágrimas finas
que morder pedacitos de hielo que vive.

Tu corazón redondo como naipe
visto de perfil es un espejo,
de frente acaso es nata
y a vista de pájaro es un papel delgado.

Pero no tan delgado que no permita sangre,
y navíos azules,
y un adiós de un pañuelo que de pronto se para.
Todo lo que un pájaro esconde entre su pluma.

Oh maravilla mía,
oh dulce secreto de conversar con el mar,
de suavemente tener entre los dientes
un guijo blanco que no ha visto la luna.
Noche verde de océano que en la lengua no vuela
y se duerme deshecha como música o nido.

I Want to Know

Tell me quickly the secret of your existence;
I want to know why stone is not feather,
nor the heart a delicate tree,
nor why the girl dying between two river veins
is not moving toward the sea like all boats do.

I want to know if the heart is rain or border,
standing aside when two are smiling at each other,
or if it only forms the boundary between two new hands
clasping a warm unremovable skin.

Flower, crag or doubt, or thirst or sun or whip:
all the world is one, shore and eyelid,
yellow bird asleep between two lips
when dawn laboriously permeates the day.

I want to know if a bridge is iron or desire,
about the difficulty of joining two intimate bodies,
about the separating of breasts struck
by a new arrow shooting up out of greenness.

Moss is the same as moon, which surprises no one,
slow caress moving by night
across bodies like a feather or lips now raining.
I want to know if the river flows away from itself
embracing shapes in silence,
cataract of bodies loving each other like foam,
until they meet the sea like relinquished pleasure.

Shouts are whistling posts, whatever is sunk firmly in,
acute desperation at seeing short arms
outstretched toward the sky in moon-like supplications,
aching heads sleeping above, rowing,
still not breathing like clouded metal plates.

I want to know if night can see white cloth bodies
stretched out on the earth below,
false rocks, cartons, threads, skin, still water,
birds like metal sheets laid across the ground,
or iron murmurs, forest undefiled by man.

I want to know of height, of roving or infinite sea;
know if the sea is that hidden doubt intoxicating me
when winds are shifting round transparent crepe,
shadow, weights, ivories, prolonged storms,
captive purple writhing invisibly farther on,
or hound pack softly stalking.

Quiero saber

Dime pronto el secreto de tu existencia;
quiero saber por qué la piedra no es pluma,
ni el corazón un árbol delicado,
ni por qué esa niña que muere entre dos venas ríos
no se va hacia la mar como todos los buques.

Quiero saber si el corazón es una lluvia o margen,
lo que se queda a un lado cuando dos se sonríen,
o es sólo la frontera entre dos manos nuevas
que estrechan una piel caliente que no separa.

Flor, risco o duda, o sed o sol o látigo:
el mundo todo es uno, la ribera y el párpado,
ese amarillo pájaro que duerme entre dos labios
cuando el alba penetra con esfuerzo en el día.

Quiero saber si un puente es hierro o es anhelo,
esa dificultad de unir dos carnes íntimas,
esa separación de los pechos tocados
por una flecha nueva surtida entre lo verde.

Musgo o luna es lo mismo, lo que a nadie sorprende,
esa caricia lenta que de noche a los cuerpos
recorre como pluma o labios que ahora llueven.
Quiero saber si el río se aleja de sí mismo
estrechando unas formas en silencio,
catarata de cuerpos que se aman como espuma,
hasta dar en la mar como el placer cedido.

Los gritos son estacas de silbo, son lo hincado,
desesperación viva de ver los brazos cortos
alzados hacia el cielo en súplicas de lunas,
cabezas doloridas que arriba duermen, bogan,
sin respirar aún como láminas turbias.

Quiero saber si la noche ve abajo
cuerpos blancos de tela echados sobre tierra,
rocas falsas, cartones, hilos, piel, agua quieta,
pájaros como láminas aplicadas al suelo,
o rumores de hierro, bosque virgen al hombre.

Quiero saber altura, mar vago o infinito;
si el mar es esa oculta duda que me embriaga
cuando el viento traspone crespones transparentes,
sombra, pesos, marfiles, tormentas alargadas,
lo morado cautivo que más allá invisible
se debate, o jauría de dulces asechanzas.

Suspended Heart

Bird like moon,
dangling or beautiful moon,
as far down as a contracted heart,
suspended cordless from a murky teardrop.

Contagious sadness
amid the desolation of nothingness,
without a splendid body,
without a soul or window pane
to bend a lovely ray against.

Luster of the breast or the world perhaps,
in the center a hanging medal,
kiss congealed in pure blood,
painful muscle, arrested heart.

Solitary bird – shadow perhaps,
perhaps a galling melancholy tin can,
beak edge that has severed flowers,
a yellow stamen or moon pollen, against a lip.

For those frigid beams,
loneliness or fashioned medal,
nearly tangible phantom
of moon or blood or a kiss at the end.

Corazón en suspenso

Pájaro como luna,
luna colgada o bella,
tan baja como un corazón contraído,
suspendida sin hilo de una lágrima oscura.

Esa tristeza contagiosa
en medio de la desolación de la nada,
sin un cuerpo hermosísimo,
sin un alma o cristal
contra lo que doblar un rayo bello.

La claridad del pecho o el mundo acaso,
en medio la medalla que cuelga,
ese beso cuajado en sangre pura,
doloroso músculo, corazón detenido.

Un pájaro solo – quizá sombra,
quizá la dolorosa lata triste,
el filo de ese pico que en algun labio
cortó unas flores, un amarillo estambre o polen luna.

Para esos rayos fríos,
soledad o medalla realizada,
espectro casi tangible
de una luna o una sangre o un beso al cabo.

3

ELEGIES AND ELEGIAC POEMS

To the Dead Woman

You come and go nimble as the sea,
never-fortunate body,
joyful shadow escaping
like nearly full-feathered air upholding birds.

Glad heart aglow this winter night,
in this noble lofty space where you have wings,
where long lips nearly touch opposing horizons
like a lengthy smile or a sudden enormous bird.

You come and go like a tenuous gown,
like the memory of escaping night,
like the sound of day newly come to life
here between my two lips or on my teeth.

Your generous body, roaring water,
water falling like a young cascade,
water so easy to drink at daybreak
when all the stars can still be felt on living hands.

Combing thus surf or shadow,
combing – no – the joyous presence,
dawn's frenzied border,
murmur of your breathing life.

Loving, loving, who cannot love who has been born?,
who does not know the heart has edges,
has form, is perceptible to hands,
to secret kisses when we never cry?

Your generous body entwining me,
young liana or rising light,
water tinged by emerging horizon,
kiss arriving with the name of kiss.

Your generous body refusing to flee,
remaining still, spread out like shadow,
like the modest gaze of flesh
formed nearly all of vanquished eyelid.

Everything is carpet or lawn, or love or punishment.
Loving you like this, like nearly green land
gently curving a heated wind,
wind with the form of this breast
breathing above you when I weep.

A la muerta

Vienes y vas ligero como el mar,
cuerpo nunca dichoso,
sombra feliz que escapas como el aire
que sostiene a los pájaros casi entero de pluma.

Dichoso corazón encendido en esta noche de invierno,
en este generoso alto espacio en el que tienes alas,
en el que labios largos casi tocan opuestos horizontes
como larga sonrisa o súbita ave inmensa.

Vienes y vas como el manto sutil,
como el recuerdo de la noche que escapa,
como el rumor del día que ahora nace
aquí entre mis dos labios o en mis dientes.

Tu generoso cuerpo, agua rugiente,
agua que cae como cascada joven,
agua que es tan sencillo beber de madrugada
cuando en las manos vivas se sienten todas las estrellas.

Peinar así la espuma o la sombra,
peinar – no – la gozosa presencia,
el margen de delirio en el alba,
el rumor de tu vida que respira.

Amar, amar, ¿quién no ama si ha nacido?,
¿quién ignora que el corazón tiene bordes,
tiene forma, es tangible a las manos,
a los besos recónditos cuando nunca se llora?

Tu generoso cuerpo que me enlaza,
liana joven o luz creciente,
agua teñida del naciente confín,
beso que llega con su nombre de beso.

Tu generoso cuerpo que no huye,
que permanece quieto tendido como la sombra,
como esa mirada humilde de una carne
que casi toda es párpado vencido.

Todo es alfombra o césped, o el amor o el castigo.
Amarte así como el suelo casi verde
que dulcemente curva un viento cálido,
viento con forma de este pecho
que sobre ti respira cuando lloro.

Light

Sea, land, sky, fire, wind,
enduring world we live in,
remotest stars nearly imploring us,
at times nearly become a hand caressing our eyes.

Arrival of light reposing on our foreheads.
Where do you arrive from, where do you come from, loving form
     I feel breathing,
feel like a breast enfolding a melody,
feel like the sound of angelic harps,
nearly transparent now like murmuring worlds?

Where do you come from, celestial gown in shining beam figure
caressing a forehead alive and suffering, and loving like all that lives?;
where from, you who seem as ready to be the memory of a fire glowing
     like a branding iron,
as to settle calmly on the weary being of an understanding head?

Your unlamenting touch, your smiling arrival like lips from above,
your secret's whisper in the waiting ear,
wounds or sets to dreaming like pronouncing a name
only gleaming lips can speak.

Contemplating this very moment the tiny delicate animals spinning
     round across the earth,
bathed by your presence or your soundless scale,
revealed to their existence, protected by a silence
broken only by many bloods throbbing.

Watching this skin of ours, our body visible
because you reveal it, light whose sender is unknown to me,
light still arriving as though lips had spoken you,
in the form of teeth or an entreated kiss,
with a warmth of skin still loving us.

Tell me, tell me who it is, calling me, speaking me, crying out,
tell me what this most distant pleading message is,
what weeping I hear at times when you are only a tear.
Oh, you celestial trembling light or yearning,
fervent hope of an inextinguishable breast,
of a breast grieving like two long arms
able to girdle the earth.

Oh fond cadence of distant worlds,
of lovers never speaking their torments,
of existing bodies, of existing souls,
of infinite skies reaching us with their silence!

La luz

El mar, la tierra, el cielo, el fuego, el viento,
el mundo permanente en que vivimos,
los astros remotísimos que casi nos suplican,
que casi a veces son una mano que acaricia los ojos.

Esa llegada de la luz que descansa en la frente.
¿De dónde llegas, de dónde vienes, amorosa forma que siento respirar,
que siento como un pecho que encerrara una música,
que siento como el rumor de unas arpas angélicas,
ya casi cristalinas como el rumor de los mundos?

¿De dónde vienes, celeste túnica que con forma de rayo luminoso
acaricias una frente que vive y sufre, que ama como lo vivo?;
¿de dónde tú, que tan pronto pareces el recuerdo de un fuego ardiente tal el
    hierro que señala,
como te aplacas sobre la cansada existencia de una cabeza que te comprende?

Tu roce sin gemido, tu sonriente llegada como unos labios de arriba,
el murmurar de tu secreto en el oído que espera,
lastima o hace soñar como la pronunciación de un nombre
que sólo pueden decir unos labios que brillan.

Contemplando ahora mismo estos tiernos animalitos que giran por tierra
    alrededor,
bañados por tu presencia o escala silenciosa,
revelados a su existencia, guardados por la mudez
en la que sólo se oye el batir de las sangres.

Mirando esta nuestra propia piel, nuestro cuerpo visible
porque tú lo revelas, luz que ignoro quién te envía,
luz que llegas todavía como dicha por unos labios,
con la forma de unos dientes o de un beso suplicado,
con todavía el calor de una piel que nos ama.

Dime, dime quién es, quién me llama, quién me dice, quién clama,
dime qué es este envío remotísimo que suplica,
qué llanto a veces escucho cuando eres sólo una lágrima.
Oh tú, celeste luz temblorosa o deseo,
fervorosa esperanza de un pecho que no se extingue,
de un pecho que se lamenta como dos brazos largos
capaces de enlazar una cintura en la tierra.

¡Ay amorosa cadencia de los mundos remotos,
de los amantes que nunca dicen sus sufrimientos,
de los cuerpos que existen, de las almas que existen,
de los cielos infinitos que nos llegan con su silencio!

Human Voice

Light's scar is painful,
our teeth's mere shadow on the ground is painful,
everything is painful,
even the hapless shoe carried away by the river.

The rooster's feathers are painful,
with so many colors
his forehead doubts which stance to take
facing the cruel redness in the west.

The yellow soul is painful or a slow hazelnut,
the one we felt roll down our cheeks when we were in the water
and our tears were only perceptible to the touch.

The deceitful wasp is painful,
sometimes imitating beneath the left nipple
a heart or a heartbeat,
yellow like untouched sulfur
or a dead loved one's hands.

A room is painful like the rib cage,
where white doves like blood
move beneath the skin without stopping on the lips
and penetrate our bowels with folded wings.

Daytime is painful, and nighttime,
and howling wind,
hatred is painful or a dry sword,
whatever is kissed during the night.

Misery. Innocence is painful, and knowledge,
and iron, and a waist,
boundaries and open arms, the horizon
like a crown against our temples.

Pain is painful. I love you.
It hurts, it hurts. I love you.
Earth hurts or a fingernail,
mirror in which these letters are reflected.

Humana voz

Duele la cicatriz de la luz,
duele en el suelo la misma sombra de los dientes,
duele todo,
hasta el zapato triste que se lo llevó el río.

Duelen las plumas del gallo,
de tantos colores
que la frente no sabe qué postura tomar
ante el rojo cruel del poniente.

Duele el alma amarilla o una avellana lenta,
la que rodó mejilla abajo cuando estábamos dentro del agua
y las lágrimas no se sentían más que al tacto.

Duele la avispa fraudulenta
que a veces bajo la tetilla izquierda
imita un corazón o un latido,
amarilla como el azufre no tocado
o las manos del muerto a quien queríamos.

Duele la habitación como la caja del pecho,
donde palomas blancas como sangre
pasan bajo la piel sin pararse en los labios
a hundirse en las entrañas con sus alas cerradas.

Duele el día, la noche,
duele el viento gemido,
duele la ira o espada seca,
aquello que se besa cuando es de noche.

Tristeza. Duele el candor, la ciencia,
el hierro, la cintura,
los límites y esos brazos abiertos, horizonte
como corona contra las sienes.

Duele el dolor. Te amo.
Duele, duele. Te amo.
Duele la tierra o uña,
espejo en que estas letras se reflejan.

Song to a Dead Girl

Tell me, tell me the secret of your virgin heart,
tell me the secret of your body beneath the earth,
I want to know why you now are liquid,
cool shores where naked feet are bathing in the surf.

Tell me why above your untied hair,
above your sweetly fondled grass,
a glowing or unhurried sun is falling, slipping, caressing,
while leaving and touching you
like wind carrying only a bird or a hand.

Tell me why your heart like a tiny forest
awaits impossible birds beneath the earth,
the total song created by silent dreams
when they pass by above your eyes.

Oh, you song the color of stone, of a kiss or a lip,
singing to a dead or living body,
to a lovely being asleep beneath the ground,
singing as if mother-of-pearl were sleeping or breathing.

Your waist, your sorrowful breast's fragile bulk,
your fickle curl oblivious of the wind,
your eyes with only silence sailing through,
your shielded-ivory teeth,
wind not moving the ungreen leaves...

Oh, you laughing sky moving past like a cloud;
oh happy bird laughing over your shoulder;
fountainhead entangling the moon in your cool spout;
soft lawn being trodden by venerated feet!

Canción a una muchacha muerta

Díme, díme el secreto de tu corazón virgen,
díme el secreto de tu cuerpo bajo tierra,
quiero saber por qué ahora eres un agua,
esas orillas frescas donde unos pies desnudos se bañan con espuma.

Díme por qué sobre tu pelo suelto,
sobre tu dulce hierba acariciada,
cae, resbala, acaricia, se va
un sol ardiente o reposado que te toca
como un viento que lleva sólo un pájaro o mano.

Díme por qué tu corazón como una selva dimimuta
espera bajo tierra los imposibles pájaros,
esa canción total que por encima de los ojos
hacen los sueños cuando pasan sin ruido.

Oh tú, canción que a un cuerpo muerto o vivo,
que a un ser hermoso que bajo el suelo duerme,
cantas color de piedra, color de beso o labio,
cantas como si el nácar durmiera o respirara.

Esa cintura, ese débil volumen de un pecho triste,
ese rizo voluble que ignora el viento,
esos ojos por donde sólo boga el silencio,
esos dientes que son de marfil resguardado,
ese aire que no mueve unas hojas no verdes...

¡Oh tú, cielo riente que pasas como nube;
oh pájaro feliz que sobre un hombro ríes;
fuente que, chorro fresco, te enredas con la luna;
césped blando que pisan unos pies adorados!

Sadness or Bird

Sadness carnivorous bird;
evening lending itself to destructive solitude;
river singing in vain into its fingers or combing,
combing hair, fish, a worn-out breast.

Sadness of rough-textured paper;
reed holding up a tired hand mill;
rose color turning yellow,
the same as eyes without lashes.

Arm as long as a child's future;
but why grow up if the river is singing
the sadness of meeting a stronger water
unable to comprehend whatever is not tyranny.

Arriving at the shore like a sandy arm,
like a child who has suddenly grown up
unexpectedly feeling a bird on its shoulder.
Arriving like salty lips wounding one another.

Bird pecking at bits of blood,
sea salt or pink salt for the yellow bird,
for the long arm of pure, sweet wax
stretching across salty water as it dissolves.

Tristeza o pájaro

Esa tristeza pájaro carnívoro;
la tarde se presta a la soledad destructora;
en vano el río canta en los dedos o peina,
peina cabellos, peces, algún pecho gastado.

Esa tristeza de papel más bien basto;
una caña sostiene un molinillo cansado;
el color rosa se pone amarillo,
lo mismo que los ojos sin pestañas.

El brazo es largo como el futuro de un niño;
mas para qué crecer si el río canta
la tristeza de llegar a un agua más fuerte,
que no puede comprender lo que no es tiranía.

Llegar a la orilla como un brazo de arena,
como niño que ha crecido de pronto
sintiendo sobre el hombro de repente algún pájaro.
Llegar como unos labios salobres que se llagan.

Pájaro que picotea pedacitos de sangre,
sal marina o rosada para el pájaro amarillo,
para ese brazo largo de cera fina y dulce
que se estira en el agua salada al deshacerse.

R. MOWRY 98

Fullness

Autumn afternoon fallen from the west
just like spring itself.
Warm smile on the back of our necks
turning awkwardly to please us.
Round cloud like a teardrop
possibly shortening its existence like an error:

whatever is a cloth before our eyes,

passing softly by amid indefinable music,
born in the corner where words never touch,
where sound cannot be fondled
no matter how far our breasts extend,
no matter how fully we forget, floating above its echo,
our heart's weight on a shadow.

Comfort me.
Steadied boat,
passing of a day or a surface,
precise shifting of two dimensions,
with the same feel of a name,
of a sob folded in three or lifeless,
carefully wrapped.

Beneath ribbons or wrinkles,
beneath mellow wine-colored papers,
beneath emerald sheets from which music no longer flows,
the imprint of a tear, of a finger, of ivory or a kiss
has been lightly fading away,
growing with the years,
dying with the years,
the same as a farewell,
the same as a white handkerchief suddenly ceasing to wave.

If we gently review our memory,
if abandoning idle noises or harshness or tumult,
or disgusting bird of infectious mud,
we cast ourselves on silence like drowsing sticks,
like resting branches forgotten by greenness,
we will see emptiness not as emptiness, but rather as itself, as ourselves,
as the whole or all there is, as the only thing there is.
Everything, my love, everything, is truth, is truly itself.
All is blood or love or heartbeat or existence,
everything is I feeling how the world grows silent
and how therefore I am afflicted by a sob or by the earth.

Plenitud

Una tarde de otoño caída del occidente
exactamente como la misma primavera.
Una sonrisa caliente de la nuca
que se vuelve y difícilmente nos complace.
Una nube redonda como lágrima
que abreviase su existencia simplemente como el error:

todo lo que es un paño ante los ojos,

suavemente transcurre en medio de una música indefinible,
nacida en el rincón donde las palabras no se tocan,
donde el sonido no puede acariciarse
por más que nuestros pechos se prolonguen,
por más que flotantes sobre su eco
olvidemos el peso del corazón sobre una sombra.

Alíviame.
La barca sosegada,
el transcurrir de un día o superficie,
ese resbalamiento justo de dos dimensiones,
tiene la misma sensación de un nombre,
de un sollozo doblado en tres o muerto,
cuidadosamente embalado.

Bajo cintas o arrugas,
bajo papeles color de vino añejo,
bajo láminas de esmeralda de las que no sale ya música,
la huella de una lágrima, de un dedo, de un marfil o de un beso
se ha ido levemente apagando,
creciendo con los años,
muriendo con los años,
lo mismo que un adiós,
lo mismo que un pañuelo blanco que de pronto se queda quieto.

Si repasamos suavemente la memoria,
si desechando vanos ruidos o inclemencias o estrépito,
o nauseabundo pájaro de barro contagiable,
nos echamos sobre el silencio como palos adormecidos,
como ramas en un descanso olvidadas del verde,
notaremos que el vacío no es tal, sino él, sino nosotros,
sino lo entero o todo, sino lo único.
Todo, todo, amor mío, es verdad, es ya ello.
Todo es sangre o amor o latido o existencia,
todo soy yo que siento cómo el mundo se calla
y cómo así me duelen el sollozo o la tierra.

Black Heart

Black heart.
Enigma or blood of other lives now gone,
supreme question being posed before my eyes,
sign I cannot fathom by moonlight.

Black blood, you grieving heart sending it from afar
with unsure beats, heated gusts,
stifling summer haze, river into which I am not sinking,
flowing by like silence, without light, perfume or love.

Sad tale of a body existing as a planet exists,
as the moon exists, the abandoned moon,
bone still marked with fleshly radiance.

Here, lying here on the ground among rushes,
amid present greenness, eternal freshness,
I see pain or a shadow, lymph or a phantom,
lone suspicion of blood not flowing on.

Black heart, source of anguish or the moon,
heart once beating between hands,
kiss once sailing along red veins,
body once pressed against a throbbing garden wall!

Corazón negro

Corazón negro.
Enigma o sangre de otras vidas pasadas,
suprema interrogación que ante los ojos me habla,
signo que no comprendo a la luz de la luna.

Sangre negra, corazón dolorido que desde lejos la envías
a latidos inciertos, bocanadas calientes,
vaho pesado de estío, río en que no me hundo,
que sin luz pasa como silencio, sin perfume ni amor.

Triste historia de un cuerpo que existe como existe un planeta,
como existe la luna, la abandonada luna,
hueso que todavía tiene un claror de carne.

Aquí, aquí en la tierra echado entre unos juncos,
entre lo verde presente, entre lo siempre fresco,
veo esa pena o sombra, esa linfa o espectro,
esa sola sospecha de sangre que no pasa.

¡Corazón negro, origen del dolor o la luna,
corazón que algún día latiste entre unas manos,
beso que navegaste por unas venas rojas,
cuerpo que te ceñiste a una tapia vibrante!

Eternal Secret

Love's heavenly imprint on an empty field
where minutes before two desires fought,
where a last bird still escapes across the sky,
heated feather that hands held back.

Wait, wait always.
You still bear
the radiant tremor of intimate skin,
of ethereal messenger hands
that finally sent you forth to be reflected in a living heart,
in the pulseless dark cavity
of that blind and deaf and sad one sleeping on the ground his
    wordless gloom.

Oh, you saddest minute when the mysterious bird,
whose origin neither I nor anyone can know,
takes refuge in a cardboard bosom,
cardboard kissed by the moon soundlessly passing,
like a long dress or invisible perfume.

Oh, you heart without heart's form;
wretched box, purposeless carton wanting to beat while sleeping,
while the nearby trees' green color
stretches out like branches mutely intertwining.

You cold congealing moon who would make bodies seem like glass!
Who would give souls the appearance of kisses;
in a grove of palms, of folded doves,
of beaks entwined like motionless stones.

Moon, moon, sound, firm metal or tremor:
wing, frightful plumage brushing past an ear,
muttering fierce celestial storm clouds,
while feigning water disguised as blood!

Eterno secreto

La celeste marca del amor en un campo desierto
donde hace unos minutos lucharon dos deseos,
donde todavia por el cielo un último pájaro se escapa,
caliente pluma que unas manos han retenido.

Espera, espera siempre.
Todavía llevas
el radiante temblor de una piel íntima,
de unas celestes manos mensajeras
que al cabo te enviaron para que te reflejases en el corazón vivo,
en ese oscuro hueco sin latido
del ciego y sordo y triste que en tierra duerme su opacidad sin lengua.

Oh tú, tristísimo minuto en que el ave misteriosa,
la que no sé, la que nadie sabrá de dónde llega,
se refugia en el pecho de ese cartón besado,
besado por la luna que pasa sin sonido,
como un largo vestido o un perfume invisible.

Ay tú, corazón que no tiene forma de corazón;
caja mísera, cartón que sin destino quiere latir mientras duerme,
mientras el color verde de los árboles próximos
se estira como ramas enlazándose sordas.

¡Luna cuajante fría que a los cuerpos darías calidad de cristal!
Que a las almas darías apariencia de besos;
en un bosque de palmas, de palomas dobladas,
de picos que se traman como las piedras inmóviles.

¡Luna, luna, sonido, metal duro o temblor:
ala, pavoroso plumaje que rozas un oído,
que musitas la dura cerrazón de los cielos,
mientras mientes un agua que parece la sangre!

Slow-Moving Moisture

Fortunate hair shadow
crawling along as the sun is about to set,
like open rushes – it is already late;
cold, lustful moisture, nearly dust –.
Delicate ash,
the rush's secret core,
sensitive venomless snake
whose green glance is harmless.
Farewell. The sun is waving
its nearly red, its nearly green rays.
Its sadness like a haloed forehead,
sinking. Cold, moisture; ground touching lips.

Lenta humedad

Sombra feliz del cabello
que se arrastra cuando el sol va a ponerse,
como juncos abiertos – es ya tarde;
fría humedad lasciva, casi polvo – .
Una ceniza delicada,
la secreta entraña del junco,
esa delicada sierpe sin veneno
cuya mirada verde no lastima.
Adiós. El sol ondea
sus casi rojos, sus casi verdes rayos.
Su tristeza como frente nimbada,
hunde. Frío, humedad; tierra a los labios.

R. MOWRY 98

Window

So much sadness in an autumn leaf,
always doubting whether as a last resort to appear as a knife.
So much hesitation in the color of eyes
before it turns cold like a yellow drop.

Your sadness, minutes before dying,
only comparable to the slowness of an expiring rose,
thorny thirst pleading the impossible,
the gesture of a neck, soft trembling flesh.

You were lovely like difficult breathing within a closed room.
Transparent like revulsion at an absolutely free sun,
lukewarm like untrodden ground,
slow like fatigue overcoming still air.

Your hand, with things visible beneath it,
finest crystal never caressed by another hand,
flower or never-leafless glass,
reflected green off an iron moon.

Your flesh, whose arrested blood would barely tolerate
a sorrowful bubble breaking between your teeth,
like the weak word now nearly round
held gently back on your tongue at night.

Your blood, where lightless ooze
is like the deceptive kiss of powders or talc,
a face crossed by dim flashes of death,
soft kiss given by cooled wax.

Oh, you loving west wind saying farewell like two long arms
when through a window now open to the cold
a fresh butterfly enters,
wings, name or sorrow, anguish over life
rushing off with the final ray.

Oh, you heat, ruby or blazing feather,
glowing birds serving as night's herald,
ruddy heart-shaped plumage
spreading through blackness like two great wings.

Distant boats, affectionate whistle, soundless sails,
silence like a hand caressing stillness,
the world's prodigious kiss like a single mouth,
like two steady never-separating mouths.

Oh truth, oh dying on an autumn night,
elongated body traveling toward background light,
you fresh water upholding a surrendered body,
you green or chill pallor clothing a nude!

La ventana

Cuánta tristeza en una hoja del otoño,
dudosa siempre en último término si presentarse como cuchillo.
Cuánta vacilación en el color de los ojos
antes de quedar frío como una gota amarilla.

Tu tristeza, minutos antes de morirte,
sólo comparable con la lentitud de una rosa cuando acaba,
esa sed con espinas que suplica a lo que no puede,
gesto de un cuello, dulce carne que tiembla.

Eras hermosa como la dificultad de respirar en un cuarto cerrado.
Transparente como la repugnancia a un sol libérrimo,
tibia como ese suelo donde nadie ha pisado,
lenta como el cansancio que rinde al aire quieto.

Tu mano, bajo la cual se veían las cosas,
cristal finísimo que no acarició nunca otra mano,
flor o vidrio que, nunca deshojado,
era verde al reflejo de una luna de hierro.

Tu carne, en que la sangre detenida apenas consentía
una triste burbuja rompiendo entre los dientes,
como la débil palabra que casi ya es redonda
detenida en la lengua dulcemente de noche.

Tu sangre, en que ese limo donde no entra la luz
es como el beso falso de unos polvos o un talco,
un rostro en que destella tenuemente la muerte,
beso dulce que da una cera enfriada.

Oh tú, amoroso poniente que te despides como dos brazos largos
cuando por una ventana ahora abierta a ese frío
una fresca mariposa penetra,
alas, nombre o dolor, pena contra la vida
que se marcha volando con el último rayo.

Oh tú, calor, rubí o ardiente pluma,
pájaros encendidos que son nuncio de la noche,
plumaje con forma de corazón colorado
que en lo negro se extiende como dos alas grandes.

Barcos lejanos, silbo amoroso, velas que no suenan,
silencio como mano que acaricia lo quieto,
beso inmenso del mundo como una boca sola,
como dos bocas fijas que nunca se separan.

¡Oh verdad, oh morir una noche de otoño,
cuerpo largo que viaja hacia la luz del fondo,
agua dulce que sostienes un cuerpo concedido,
verde o frío palor que vistes un desnudo!

4

Happiness

No. Enough!
Always enough.
Escape, everyone escape! I only want,
I want only your daily death.

Your upright bust, dreadful column,
your fever-inciting neck, assemblage of oak trees,
your hands as stone, moon as deaf stone
and your womb as the sun, the only extinct sun.

May you turn to grass! Parched grass, densely packed roots,
foliage betweeen your thighs where even worms no longer dwell,
because the earth cannot be pleasing even to your lips,
lips that once, indeed, were moisture's snails.

Killing you, enormous foot, spat-out plaster,
foot chewed for days on end while eyes are dreaming,
while fashioning a new and blue-white landscape
where an undefiled girl enjoys a waveless swim.

Killing you, round clot, shape or mound,
loathesome pus, vomit dregs or ridicule,
word suspended from purple lips
and hung on rotting death or on a kiss.

No! No!
Having you here, heart that once beat between my longest teeth,
on my teeth or loving nails or darts,
or your flesh trembling while it lay inert
like the sprightly lizard kissing and kissing itself.

Your untruth torrent of numbers,
torrent of ring-embellished female hands,
torrent of lockets where hairs are preserved,
where opals or eyes are folded into velvet cloths,
where even fingernails are stored with lace.

Die, die like the sterile earth's clamor,
like the tortoise crushed by a naked foot,
an injured foot whose fresh and pristine blood
wants to flow and become like a river at its source.

I sing the fortunate sky, the dawning blue,
I sing the joy of loving gentle creatures,
of loving whatever has its source beneath clean stones,
water, flower, leaf, thirst, metal plate, river or wind,
fond presence of a day I know exists.

La dicha

No. ¡Basta!
Basta siempre.
Escapad, escapad; sólo quiero,
sólo quiero tu muerte cotidiana.

El busto erguido, la terrible columna,
el cuello febricente, la convocación de los robles,
las manos que son piedra, luna de piedra sorda
y el vientre que es el sol, el único extinto sol.

¡Hierba seas! Hierba reseca, apretadas raíces,
follaje entre los muslos donde ni gusanos ya viven,
porque la tierra no puede ni ser grata a los labios,
a esos que fueron, sí, caracoles de lo húmedo.

Matarte a ti, pie inmenso, yeso escupido,
pie masticado días y días cuando los ojos sueñan,
cuando hacen un paisaje azul cándido y nuevo
donde una niña entera se baña sin espuma.

Matarte a ti, cuajarón redondo, forma o montículo,
materia vil, vomitadura o escarnio,
palabra que pendiente de unos labios morados
ha colgado en la muerte putrefacta o el beso.

No. ¡No!
Tenerte aquí, corazón que latiste entre mis dientes larguísimos,
en mis dientes o clavos amorosos o dardos,
o temblor de tu carne cuando yacía inerte
como el vivaz largarto que se besa y se besa.

Tu mentira catarata de números,
catarata de manos de mujer con sortijas,
catarata de dijes donde pelos se guardan,
donde ópalos u ojos están en terciopelos,
donde las mismas uñas se guardan con encajes.

Muere, muere como el clamor de la tierra estéril,
como la tortuga machacada por un pie desnudo,
pie herido cuya sangre, sangre fresca y novísima,
quiere correr y ser como un río naciente.

Canto el cielo feliz, el azul que despunta,
canto la dicha de amar dulces criaturas,
de amar a lo que nace bajo las piedras limpias,
agua, flor, hoja, sed, lámina, río o viento,
amorosa presencia de un día que sé existe.

Love's Triumph

The moon shines in the autumn wind,
gleaming in the sky like a long-endured affliction.
But, no, it will not be the poet who tells of
hidden motives, the indecipherable sign
of a liquid sky glowing with fire able perhaps to engulf our souls,
if souls but knew their earthly destiny.

The moon like a hand,
distributes its gifts across the earth
with the injustice plied by beauty.
I observe pallid faces.
I observe beloved faces.
It will not be I who kiss the pain showing in each of them.
Only the moon can close, with a kiss,
soft life-weary eyelids.
Bright lips, pale moon lips,
sibling lips for sorrowful men,
are a sign of love in our empty life,
are the concave space where humanity breathes
while flying on the blindly spinning earth.

Love's mark on cherished faces
at times is only glossy whiteness,
the tattered whiteness of laughing teeth.

Then indeed the moon grows pale above,
the brighter stars die out
and there occurs a distant echo, a radiance in the east,
a faint outcry of suns struggling to burst in.
Then what cheerful bliss when laughter glows!
When a venerated body,
upright and naked, is shining like stone,
like firm rock ignited by kisses.
Look at its mouth. Above, daytime lightning
flashes across a lovely face, sky where eyes
are not shadow, eyelashes, murmuring delusions,
but are instead a gentle wind flowing across my body
like an echo of seed-ripe rushes singing
toward living waters, made blue with kisses.

Pure adored heart, life's truth,
radiant love's present certainty,
its light upon rivers, its drenched nakedness,
all living, persisting, surviving and ascending
like a bright yearning ember in the heavens.

Now it is merely the unclad body. It is laughter on its teeth.
It is light or its gleaming jewel: the lips.
It is water kissing revered feet,
like a mystery hidden from vanquished night.

Ah, shining wonder of holding in my arms
a fragrant nude encircled by woods!
Ah, solitude of the world turning beneath my feet,
blindly seeking its destiny of kisses!
I know who loves and lives, who dies and turns and flies.
I know moons die out, are reborn, live, and weep.
I know two bodies love, two souls coalesce.

Triunfo del amor

Brilla la luna entre el viento de otoño,
en el cielo luciendo como dolor largamente sufrido.
Pero no será, no, el poeta quien diga
los móviles ocultos, indescifrable signo
de un cielo líquido de ardiente fuego que anegara las almas,
si las almas supieran su destino en la tierra.

La luna como una mano,
reparte con la injusticia que la belleza usa,
sus dones sobre el mundo.
Miro unos rostros pálidos.
Miro rostros amados.
No seré yo quien bese ese dolor que en cada rostro asoma.
Sólo la luna puede cerrar, besando,
unos párpados dulces fatigados de vida.
Unos labios lucientes, labios de luna pálida,
labios hermanos para los tristes hombres,
son un signo de amor en la vida vacía,
son el cóncavo espacio donde el hombre respira
mientras vuela en la tierra ciegamente girando.

El signo del amor, a veces en los rostros queridos
es sólo la blancura brillante,
la rasgada blancura de unos dientes riendo.

Entonces sí que arriba palidece la luna,
los luceros se extinguen
y hay un eco lejano, resplandor en oriente,
vago clamor de soles por irrumpir pugnando.
¡Qué dicha alegre entonces cuando la risa fulge!
Cuando un cuerpo adorado,
erguido en su desnudo, brilla como la piedra,
como la dura piedra que los besos encienden.
Mirad la boca. Arriba relámpagos diurnos
cruzan un rostro bello, un cielo en que los ojos
no son sombra, pestañas, rumorosos engaños,
sino brisa de un aire que recorre mi cuerpo
como un eco de juncos espigados cantando
contra las aguas vivas, azuladas de besos.

El puro corazón adorado, la verdad de la vida,
la certeza presente de un amor irradiante,
su luz sobre los ríos, su desnudo mojado,
todo vive, pervive, sobrevive y asciende
como un ascua luciente de deseo en los cielos.

Es sólo ya el desnudo. Es la risa en los dientes.
Es la luz o su gema fulgurante: los labios.
Es el agua que besa unos pies adorados,
como un misterio oculto a la noche vencida.

¡Ah maravilla lúcida de estrechar en los brazos
un desnudo fragante, ceñido de los bosques!
¡Ah soledad del mundo bajo los pies girando,
ciegamente buscando su destino de besos!
Yo sé quien ama y vive, quien muere y gira y vuela.
Sé que lunas se extinguen, renacen, viven, lloran.
Sé que dos cuerpos aman, dos almas se confunden.

On the Ground Itself

The world's harshness, serge fabric,
the beloved woman's suit,
path taken by ants across a most beautiful body,
cannot prevent coughing in the kissed dust,
while beneath the clouds weightless birds are sailing.

Memory like thread or saliva,
distasteful honey entwining your ankle,
delicate snake inlaying you with its love
like two letters on a hated pelt.
Rosiest twilight's slow ascent,
growth of scales on which coldness has thickened,
is an individual lip
grazing the damp ground,
while a tiny snake is staring,
staring at your eyes,
staring at a nubile dove fluttering on your forehead.

Night is only a suit.
It is pointless to dismiss rushes by alleging they should be teeth,
or sorrows whose lack of roots is whiteness,
or that mud consists of broken words,
the chewed-up ones remaining after love,
when our bodies finally part.
It is pointless to claim the moon is equal to the sheen of fairly worthless garb,
or that glowing nakedness is better,
 – if the singing frog says green is green
and says our nails soften in the mud
no matter if the whole world affects a horn-hard solemnity.

It is enough then to sit down on a steep embankment.

Or it may suffice, bracing the elbow we only own since yesterday,
to listen hand on cheek
to the promise of good fortune a gift fish sings,
the sound, not of rushes,
a sorrowful alga
emits through a bottle – something akin to a tired mirror.

Listening to that music
we grasp how a forest may change its location,
how suddenly a heart may be exchanged for a mountain
or simply how an arm can extend to tap on twilight's window.

Everything is easy.
It is easy to brighten the fateful hour
by assuming the shape of a harmonica,
that useless toy at the river's edge
never managing to imitate its song,
or of an unused comb
among fresh grass
making no attempt to merge with Springtime,
knowing it is futile.

Better then to rise and, leaving arms behind like two long flowers,
set off along the sunset road,
there to see if we can verify what is already so well known,
that night and day are neither black nor white,
but are instead our very mouths asleep among the rocks,
and whose regular breathing
is neither kiss nor non-kiss,
but dust raining over the wretched earth.

Sobre la misma tierra

La severidad del mundo, estameña,
el traje de la mujer amada,
el camino de las hormigas por un cuerpo hermosísimo,
no impiden esa tos en el polvo besado,
mientras bajo las nubes bogan aves ligeras.

La memoria como el hilo o saliva,
la miel ingrata que se enreda al tobillo,
esa levísima serpiente que te incrusta su amor
como dos letras sobre la piel odiada.
Esa subida lenta del crepúsculo más rosado,
crecimiento de escamas en que la frialdad es viscosa,
es el roce de un labio independiente
sobre la tierra húmeda,
cuando la sierpecilla mira,
mira, mira a los ojos,
a esa paloma núbil que aletea en la frente.

La noche sólo es un traje.
No sirve rechazar juncos alegando que se trata de dientes,
o de pesares cuya falta de raíz es lo blanco,
o que el fango son palabras deshechas,
las masticadas después del amor,
cuando por fin los cuerpos se separan.
No sirve pretender que la luna equivale al brillo de un ropaje algo inútil,
o que es mejor aquella desnudez ardiente,
 – si la rana cantando dice que el verde es verde
y que las uñas se ablandan en al barro
por más que el mundo entero intente una seriedad córnea.

Basta entonces sentarse en un ribazo.

O basta acaso, apoyando ese codo que sólo poseemos desde ayer,
escuchar mano en mejilla
la promesa de dicha que canta un pez regalado,
esa voz, no de junco,
que por una botella
emite un alga triste – algo que se parece a un espejo cansado.

Escuchando esa música
se comprende que el bosque cambie de sitio,
que de pronto el corazón se trueque por un monte
o que sencillamente se alargue un brazo para repiquetear sobre el cristal del
      crepúsculo.

Todo es fácil.
Es fácil amenizar la hora siniestra
tomando la forma de una harmónica,
de ese inútil juguete que en el borde de un río
jamás conseguirá imitar su canción,
o de ese peine inusado
que entre la hierba fresca
no pretende confundirse con la Primavera,
por saber que es inútil.

Mejor sería entonces levantarse y, abandonando brazos como dos flores largas,
emprender el camino del poniente,
a ver si allá se comprueba lo que ya es tan sabido,
que la noche y el día no son lo negro o lo blanco,
sino la boca misma que duerme entre las rocas,
cuyo alterno respiro
no es el beso o el no beso,
sino el polvo que llueve sobre la tierra mísera.

Coldness

Secret black wind blowing among my bones,
sea blood flowing through my closed veins,
perfect ocean I am when, sleeping,
I radiate a glowing question cold or green.

Sea wind lifting my body toward the clouds,
up to the transparent surf's lofty crest,
where matter breaks into foam, or a bright star,
body seeking to be sky, its own fixed light.

How often at night, rolling among the clouds, or perhaps beneath the earth,
or sailing in a living fish's form,
or roaring in the forest like a gullet or ivory;
how often sand, drop of water or merely voice,
how often, gigantic hand pressing down on an alternate world.

I am your shadow, pathway leading me to the edge,
to the abyss over which my foot might dare,
over which it might perhaps want to fly like a head,
merely like an idea or a drop of blood.

Blood or sun fusing in fierce encounter,
when love flashes out from a silent collision,
when loving means struggling with tainted form,
rigid sword always alive with our reflection.

Killing the clean surface on which we pound,
burnished breath fogged by kisses rather than birds,
surface copying a shivering sky,
like a stiffened pool impervious to stones.

Mankind's whip peering into a mirror,
into the savage love of impassivity or wholeness,
where fingers always die like metal sheets,
pleading, exhausted, for their lost bulk.

Oh, mad wonder of treading on present coldness,
of placing our naked feet over fire,
of feeling in our bones ice rising within us
until we notice our heart is white and motionless!

Still on fire a snowy tongue
spouts up from a mouth, like a tree or its branches.
Lights, stars, a woman's slip,
still send their light, their air, their love or flesh.

El frío

Viento negro secreto que sopla entre los huesos,
sangre del mar que tengo entre mis venas cerradas,
océano absoluto que soy cuando, dormido,
irradio verde o fría una ardiente pregunta.

Viento de mar que ensalza mi cuerpo hasta sus cúmulos,
hasta el ápice aéreo de sus claras espumas,
donde ya la materia cabrillea, o lucero,
cuerpo que aspira a un cielo, a una luz propia y fija.

Cuántas veces de noche rodando entre las nubes, o acaso bajo tierra,
o bogando con forma de pez vivo,
o rugiendo en el bosque como fauce o marfil;
cuántas veces arena, gota de agua o voz sólo,
cuántas, inmensa mano que oprime un mundo alterno.

Soy tu sombra, camino que me lleva a ese límite,
a ese abismo sobre el que el pie osaría,
sobre el que acaso quisiera volar como cabeza,
como sólo una idea o una gota de sangre.

Sangre o sol que se funden en el feroz encuentro,
cuando el amor destella a un choque silencioso,
cuando amar es luchar con una forma impura,
un duro acero vivo que nos refleja siempre.

Matar la limpia superficie sobre la cual golpeamos,
bruñido aliento que empañan los besos, no los pájaros,
superficie que copia un cielo estremecido,
como ese duro estanque donde no calan piedras.

Látigo de los hombres que se asoma a un espejo,
a ese bárbaro amor de lo impasible o entero,
donde los dedos mueren como láminas siempre,
suplicando, gastados, un volumen perdido.

¡Ah maravilla loca de hollar el frío presente,
de colocar los pies desnudos sobre el fuego,
de sentir en los huesos el hielo que nos sube
hasta notar ya blanco el corazón inmóvil!

Todavía encendida una lengua de nieve
surte por una boca, como árbol o unas ramas.
Todavía las luces, las estrellas, el viso,
mandan luz, mandan aire, mandan amor o carne.

5

I Am Destiny

Yes, I have loved you as never before.

Why kiss your lips, knowing death is near,
knowing that loving is only forgetting life,
closing our eyes to present darkness
and opening them to a body's gleaming borders?

I decline to read in books a truth rising little by little like water,
I reject the mirror presented everywhere by mountains,
bare rock reflecting my forehead
crossed by birds whose trajectory I cannot know.

I refuse to approach rivers where ruddy fish flushed with living,
charge their yearning's shoreline bounds,
rivers from which rise indescribable voices,
signs I fail to comprehend lying among rushes.

No, I will not; I refuse to swallow dust, painful earth, corroded sand,
the certainty of living shared by flesh
when it understands the world and this body
are rotating like a sign inscrutable to the celestial eye.

No, I refuse to shout, to raise my tongue,
to hurl it like a stone to shatter on the heights,
smashing immense sky windows
behind which no one is listening to life's murmur.

I want to live, to live like firm grass,
like north wind or snow, like watchful coal,
like the future of a child not yet being born,
like lovers touching when the moon is unaware of them.

I am music the world makes
in its mysterious flight beneath so many hairs,
guiltless bird with blood on its wings
going off to die in a burdened breast.

I am destiny summoning all who love,
single sea toward which all loving radii will flow
seeking their center, rippled by a circle
turning like the perfect murmuring rose.

I am the horse igniting its hair against shaven wind,
I am the lion tortured by its own mane,
the gazelle fearing the indifferent river,
the domineering tiger depopulating the jungle,
the tiny beetle glowing also in the daytime.

No one can overlook the presence of a living man,
standing amid shouted arrows,
displaying an unobstructed view through his transparent chest,
never becoming glass in spite of its clarity,
for if you bring your hands near, you can feel his blood.

Soy el destino

Sí, te he querido como nunca.

¿Por qué besar tus labios, si se sabe que la muerte está próxima,
si se sabe que amar es sólo olvidar la vida,
cerrar los ojos a lo oscuro presente
para abrirlos a los radiantes límites de un cuerpo?

Yo no quiero leer en los libros una verdad que poco a poco sube
      como un agua,
renuncio a ese espejo que dondequiera las montañas ofrecen,
pelada roca donde se refleja mi frente
cruzada por unos pájaros cuyo sentido ignoro.

No quiero asomarme a los ríos donde los peces colorados con el
      rubor de vivir,
embisten a las orillas límites de su anhelo,
ríos de los que unas voces inefables se alzan,
signos que no comprendo echado entre los juncos.

No quiero, no; renuncio a tragar ese polvo, esa tierra dolorosa, esa arena
      mordida,
esa seguridad de vivir con que la carne comulga
cuando comprende que el mundo y este cuerpo
ruedan como ese signo que el celeste ojo no entiende.

No quiero, no, clamar, alzar la lengua,
proyectarla como esa piedra que se estrella en la altura,
que quiebra los cristales de esos inmensos cielos
tras los que nadie escucha el rumor de la vida.

Quiero vivir, vivir como la hierba dura,
como el cierzo o la nieve, como el carbón vigilante,
como el futuro de un niño que todavía no nace,
como el contacto de los amantes cuando la luna los ignora.

Soy la música que bajo tantos cabellos
hace el mundo en su vuelo misterioso,
pájaro de inocencia que con sangre en las alas
va a morir en un pecho oprimido.

Soy el destino que convoca a todos los que aman,
mar único al que vendrán todos los radios amantes
que buscan a su centro, rizados por el círculo
que gira como la rosa rumorosa y total.

Soy el caballo que enciende su crin contra el pelado viento,
soy el león torturado por su propia melena,
la gacela que teme al río indiferente,
el avasallador tigre que despuebla la selva,
el diminuto escarabajo que también brilla en el día.

Nadie puede ignorar la presencia del que vive,
del que en pie en medio de las flechas gritadas,
muestra su pecho transparente que no impide mirar,
que nunca será cristal a pesar de su claridad,
porque si acercáis vuestras manos, podréis sentir la sangre.

Evening Dance

Glasses or kisses, lights or stairways,
everything ascending cautiously without music
to the calm region where flesh's borders
draw quickly back.

Carousel of limits, boundary or celebration,
swiftness made of shouts,
color, a color made of burlap,
through which a harsh voice spits out dry grass.

Wait for me, familiar girl,
sturdy creaking satin with shoes,
with soft patent leather nearly groaning
when it brushes past my face without distressing me.

Swing of liberated blood,
happiness not made of copper,
lyrical coin or moon
sliding like milk across your shoulders.

Labyrinth or soundless marble,
saliva thread among trees,
quiet kiss entangling itself,
forgetting its mirror-like wings.

Food or scratching in the throat,
timid desires' target or manna
melting at last like snow
on a tongue of silenced heat.

Dust or brightness, the festival revolves cautiously
beneath a fever of moons or fish,
feeling the caress's moisture
when naked dawn extends a thigh.

Cardboard breasts open their boxes,
countless tiny fish quiver,
green flowers escaping from lips
take root like joys in bellies.

Joyful crying or sobbing,
frenzy of music and bodies,
murderous rumbling tumult
as knives make love to hearts.

Whirling eye-like paper flowers
dream of eyelids, blood, sweet basil;
the heated uproar puts on skirts
the size of tightly pressed lips.

Water or gown, rhythm or growth,
something descends the mountain of bliss,
something floods the legs without shrapnel
and rises like a fragrance to the armpit.

Bodies float, uncaught, unscratched,
not clothed in thorns or caresses,
not abandoned, no, above the moon,
that – on the earth now – has spread out like a corpse.

Verbena

Vasos o besos, luces o escaleras,
todo sin música asciende cautamente
a esa región serena donde aprisa
se retiran los bordes de la carne.

Un carrusel de topes, un límite o verbena,
una velocidad hecha de gritos,
un color, un color hecho de estopa,
por donde una voz bronca escupe esparto.

Espérame, muchacha conocida,
fuerte raso crujiente con zapatos,
con un tierno charol que casi gime
cuando roza mi rostro sin pesarme.

Un columpio de sangre emancipada,
una felicidad que no es de cobre,
una moneda lírica o la luna
resbalando en los hombros como leche.

Un laberinto o mármol sin sonido,
un hilo de saliva entre los árboles,
un beso silencioso que se enreda
olvidando sus alas como espejos.

Un alimento o roce en la garganta,
blanco o maná de tímidos deseos
que sobre lengua de calor callado
se deshace por fin como la nieve.

Polvo o claror, la feria gira cauta
bajo fiebre de lunas o pescados,
sintiendo la humedad de la caricia
cuando el alba desnuda avanza un muslo.

Los senos de cartón abren sus cajas,
pececillos innúmeros palpitan,
de los labios se escapan flores verdes
que en los vientres arraigan como dichas.

Un clamor o sollozo de alegría,
frenesí de las músicas y el cuerpo,
un rumor de clamores asesinos
mientras cuchillos aman corazones.

Flores-papel girantes como ojos
sueñan párpados, sangres, albahacas;
ese clamor caliente ciñe faldas
del tamaño de labios apretados.

Agua o túnica, ritmo o crecimiento,
algo baja del monte de la dicha,
algo inunda las piernas sin metralla
y asciende hasta el axila como aroma.

Cuerpos flotan, no presos, no arañados,
no vestidos de espinas o caricias,
no abandonados, no, sobre la luna,
que – en tierra ya – se ha abierto como un cuerpo.

Sea on Land

No, never cry out for the rash happiness
lying dormant when dark music fails to modulate,
when the dark stream rushes by undecipherable
like a river spurning the landscape.

Happiness does not consist of squeezing hands
while the world sways on its axes,
while the moon turned to paper,
feels a smiling wind crinkling it.

Perhaps the boisterous sea that one night tried to fit inside a shoe,
infinite sea that tried to become dew,
tried to rest on a sleeping flower,
tried to appear at dawn like a fresh teardrop.

Resounding sea become a spear
lying amid dryness like a suffocating fish,
clamoring for water that may be a kiss,
may be a breast tearing and drowning itself.

But the arid moon makes no response to pallid scales' reflection.
Death is a glazed pupil's contraction,
the impossibility of waving arms,
of raising a shout toward the sky to wound it.

Death is silence within dust, within memory,
a nonhuman tongue's desperate flapping,
feeling salt coldly congealing within one's veins
like the whitest tree inside a fish.

And so the bliss, the uncertain bliss of dying,
of realizing the world is a speck that will vanish,
a particle born for godly water,
for the vast sea resting on dust.

Happiness will mean disintegrating like the smallest thing,
turning into the harshest splinter,
remnant of an ocean withdrawn like light,
drop of sand once a gigantic breast,
now like a sob issued from its throat lying here at rest.

Mar en la tierra

No, no clames por esa dicha presurosa
que está latente cuando la oscura música no modula,
cuando el oscuro chorro pasa indescifrable
como un río que desprecia el paisaje.

La felicidad no consiste en estrujar unas manos
mientras el mundo sobre sus ejes vacila,
mientras la luna convertida en papel
siente que un viento la riza sonriendo.

Quizá el clamoroso mar que en un zapato intentara una noche acomodarse,
el infinito mar que quiso ser rocío,
que pretendió descansar sobre una flor durmiente,
que quiso amanecer como la fresca lágrima.

El resonante mar convertido en una lanza
yace en lo seco como un pez que se ahoga,
clama por ese agua que puede ser el beso,
que puede ser un pecho que se rasgue y anegue.

Pero la seca luna no responde al reflejo de las escamas pálidas.
La muerte es una contracción de una pupila vidriada,
es esa imposibilidad de agitar unos brazos,
de alzar un grito hasta un cielo al que herir.

La muerte es el silencio entre el polvo, entre la memoria,
es agitar torvamente una lengua no de hombre,
es sentir que la sal se cuaja en las venas
fríamente como un árbol blanquísimo en un pez.

Entonces la dicha, la oscura dicha de morir,
de comprender que el mundo es un grano que se deshará,
el que nació para un agua divina,
para ese mar inmenso que yace sobre el polvo.

La dicha consistirá en deshacerse como lo minúsculo,
en transformarse en la severa espina,
resto de un océano que como la luz se marchó,
gota de arena que fue un pecho gigante
y que salida por la garganta como un sollozo aquí yace.

The Moon Is an Absence

The moon is an absence.
CAROLINA CORONADO.

The moon is absence.
We always hope.
Leaves are murmuring flesh.
We hope for everything but pale horses.

And, nevertheless, steel hooves
(while the moon in eyelashes),
steel hooves on our chests
(while the moon or blurred geometry)...

We always hope our chests will not in the end be concave.
And the moon is absence,
rounded night's painful void,
not becoming wax, but not a cheek.

Far-off horses, distant sea, pounding chains,
widespread sand always suffering,
wilted beach, where it is nighttime
at the edge of dry, yellow eyes.

We always hope.
Moon, marvel or absence,
celestial parchment the color of hands outside,
on the other side where emptiness is moon.

La luna es una ausencia

La luna es una ausencia.
CAROLINA CORONADO.

La luna es ausencia.
Se espera siempre.
Las hojas son murmullos de la carne.
Se espera todo menos caballos pálidos.

Y, sin embargo, esos cascos de acero
(mientras la luna en las pestañas),
esos cascos de acero sobre el pecho
(mientras la luna o vaga geometría)...

Se espera siempre que al fin el pecho no sea cóncavo.
Y la luna es ausencia,
doloroso vacío de la noche redonda,
que no llega a ser cera, pero que no es mejilla.

Los remotos caballos, el mar remoto, las cadenas golpeando,
esa arena tendida que sufre siempre,
esa playa marchita, donde es de noche
al filo de los ojos amarillos y secos.

Se espera siempre.
Luna, maravilla o ausencia,
celeste pergamino color de manos fuera,
del otro lado donde el vacío es luna.

I Want to Tread

I want your name here,
I want to tread on false eyelashes,
slender worms, black lightning bolts,
sodden earth, your ugly tears.

I want to tread on teeth or mud or a kiss,
on lifeless warmth airing in the gray wind,
on a throat or gravel cold to the naked foot,
on an amber breast with tiny fish passing through its inner water.

Round ball never losing air,
never emitting a sigh of freshly heated mist
to become enraptured with a pair of eyes.

I want to tread on a waist, a ring,
fragile ring, delicate band,
on the gesture a hand might make
when a body yields in the middle.

I want steel thighs, perhaps delicate moss,
perhaps the fresh smoothness
of rain falling along a defenseless groin.

I want lands or gunpowder,
blue kisses,
the sudden recoil shattering the mouth
when a body or a moon explode like rust.

Love like a lyre,
like broken strings,
ashen music,
resolute aching gold,
moon – unexpected presence – airlessness.

Quiero pisar

Quiero tu nombre aquí,
quiero pisar unas pestañas falsas,
delicadas lombrices, rayos negros,
esa tierra mojada, esas lágrimas feas.

Quiero pisar dientes o barro o algún beso,
ese calor difunto que orea un viento pardo,
esa garganta o guijo fría al pie desnudo,
ese pecho de ámbar por cuya agua íntima pececillos transcurren.

Bola redonda de la que no escapará el aire,
de donde nunca un suspiro de niebla
saldrá con su calor reciente a embeberse en los ojos.

Quiero pisar una cintura, anillo,
frágil anillo, aro delicado,
ese gesto que abarcase la mano
cuando un cuerpo por su mitad se rinde.

Quiero muslos de acero, acaso musgo tenue,
acaso esa suavidad tan reciente
cuando la lluvia cae por una ingle indefensa.

Quiero tierras o pólvora,
esos besos azules,
ese rechazo súbito que deshace la boca
cuando un cuerpo o una luna estallan como herrumbre.

Amor como la lira,
como esas cuerdas rotas,
música cenicienta,
oro que duele entero,
luna que descolgada presencia que no hay aire.

Dying Only by Day

The world exalts its wings.

Vast forest, jungle or lion or cloud;
sluggish pupil nearly failing to move;
painful teardrop enclosing a gleaming star,
sorrow like a bird, fleeting iris in the rain.

Your heart a twin to mine,
high ledge from which a tiny figure
is waving arms I nearly cannot see, but do listen to;
invisible point to which a cough or still-breathing breast,
arrives like the shadow of missing arms.

Your twin heart like a grounded bird,
like a fugitive ball flown off with folded wings,
like two lonely lips smiling together yesterday...

A magic basalt-colored moon
rises behind the mountain like a naked shoulder.
The air was feathered, and skin sounded
like a surface wounded by a solitary skiff.

Oh heart or moon, oh utterly parched land,
oh thirsting sand soaking up the wind
when only yellow waves are water!

Water is the same as moon: impalpable to hands,
lymph dripping down a cold forehead
and hastily simulating lips or heeded death.

I want to die by day, when the white moon,
white as a veil hiding only a breeze,
is floating without support, without rays, like a metal sheet,
like a gentle uncomplaining wheel,
childlike and wholly chaste before a strident sun.

I want to die by day, when lions are loving,
when butterflies are fluttering over lakes,
when a water lily rises out of green or chilly water,
sluggish and perplexed beneath pink light.

I want to die at the edge of leveled forests,
of forests with upraised arms.
When the jungle is singing on high and the sun is scorching
manes, hides or an annihilating love.

Sólo morir de día

El mundo glorifica sus alas.

Bosque inmenso, selva o león o nube;
pupila lentísima que casi no se mueve;
dolorosa lágrima donde brilla un lucero,
un dolor como un pájaro, iris fugaz en lluvia.

Tu corazón gemelo del mío,
aquel alto cantil desde el cual una figura diminuta
mueve sus brazos que yo casi no veo, pero que sí que escucho;
aquel punto invisible adonde una tos o un pecho que aún respira,
llega como la sombra de los brazos ausentes.

Tu corazón gemelo como un pájaro en tierra,
como esa bola huida que ha plegado las alas,
como dos labios solos que ayer se sonreían...

Una mágica luna del color del basalto
sale tras la montaña como un hombro desnudo.
El aire era de pluma, y a la piel se la oía
como una superficie que un solo esquife hiere.

¡Oh corazón o luna, oh tierra seca a todo,
oh esa arena sedienta que se empapa de un aire
cuando sólo las ondas amarillas son agua!

Agua o luna es lo mismo: lo impalpable a las manos,
linfa que goteando sobre la frente fría
finge pronto unos labios o una muerte escuchada.

Quiero morir de día, cuando la luna blanca,
blanca como ese velo que oculta sólo un aire,
boga sin apoyarse, sin rayos, como lámina,
como una dulce rueda que no puede quejarse,
aniñada y castísima ante un sol clamoroso.

Quiero morir de día, cuando aman los leones,
cuando las mariposas vuelan sobre los lagos,
cuando el nenúfar surte de un agua verde o fría,
soñoliento y extraño bajo la luz rosada.

Quiero morir al límite de los bosques tendidos,
de los bosques que alzan los brazos.
Cuando canta la selva en alto y el sol quema
las melenas, las pieles o un amor que destruye.

R. MOWRY '98

Cobra

Cobra all eyes,
reclining form afternoon (low-lying, cloud),
form among dry leaves,
surrounded by suddenly arrested hearts.

Clocks like pulses
among still trees are birds with dangling throats,
friendly kisses for the low-lying cobra
whose skin is silken or cold or sterile.

Cobra on glass,
screeching like a cool knife unmaking a virgin,
morning fruit,
whose velvet lingers in the air with a bird's shape.

Pupils like lagoons,
eyes like hopes,
nudes like leaves
lustful cobra passes watching its other sky.

Crossing and recrossing the world,
chain of bodies or bloods in contact,
when the whole skin has fled like an eagle
concealing the sun. Oh, love, cobra, love!

Love forms or ships or groans,
love everything slowly, body-to-body,
between chilly thighs or between breasts
the size of compacted ice.

Lips, teeth or flowers, lengthy snows;
ground underneath convulsed, drifting.
Love blood-rich depths where
the perfect garnet sparkles.

The world is throbbing.

Cobra

La cobra toda ojos,
bulto echado la tarde (baja, nube),
bulto entre hojas secas,
rodeada de corazones de súbito parados.

Relojes como pulsos
en los árboles quietos son pájaros cuyas gargantas cuelgan,
besos amables a la cobra baja
cuya piel es sedosa o fría o estéril.

Cobra sobre cristal,
chirriante como navaja fresca que deshace a una virgen,
fruta de la mañana,
cuyo terciopelo aún está por el aire en forma de ave.

Niñas como lagunas,
ojos como esperanzas,
desnudos como hojas
cobra pasa lasciva mirando a su otro cielo.

Pasa y repasa el mundo,
cadena de cuerpos o sangres que se tocan,
cuando la piel entera ha huido como un águila
que oculta el sol. ¡Oh cobra, ama, ama!

Ama bultos o naves o quejidos,
ama todo despacio, cuerpo a cuerpo,
entre muslos de frío o entre pechos
del tamaño de hielos apretados.

Labios, dientes o flores, nieves largas;
tierra debajo convulsa derivando.
Ama el fondo con sangre donde brilla
el carbunclo logrado.

                                        El mundo vibra.

Invading Like This

Blissful sunrise clarity,
radiant body, loving destiny,
worship of the turbulent sea,
of the living breast I know I live in.

Where are you, colossal ever-present mountain,
traveling continent passing by yet remaining,
beach offering itself to my agile foot –
like a solitary shell, resting compliant on the sand?

Am I going?
Or coming?
I cannot know if light now being born
is shining from the west into my eyes,
or if the sunrise blade is cutting through my back.
But I am coming, always coming.
Coming toward you like a now-green wave
returning to its bosom with recovered form.
Like an undertow tearing away the beaches' pale yellow,
to reveal their hard dark torso at ease, floating.
I am coming like round invading arms
carrying off algae other waves have left behind.

And you are waiting for me, tell me so,
blissful outstretched body,
joyful brightness for my feet,
radiant shore agleam while kissing
the tenuous skin burdening your living breast.

Shall I lie down?
I am endlessly kissing
the limitless sea murmur,
the ever-real lips I dream of,
the nimble surf always becoming teeth
when mysterious words are about to be spoken.

Tell me, tell me; I am listening.
What a profound truth!
So much love if I embrace you while you close your eyes,
while you draw back all, all the transparent waves
watching unmoved over our kiss.

Your warm heart like a land alga,
like an invincible live coal able to dry up the seas,
does not damage my hands
nor my eyes when I hold up their lids,
nor my lips – unpurified by its deepening light –,
because they are like birds, like liberated seascapes,
like the murmur or passing of clouds moving on.

Oh come, come always like shouting fish,
like the invisible battle of all their scales,
like the terrible struggle of deepest greens,
of glowing eyes, of invading rivers,
of mounds of bodies heaping up, emerging from the ocean,
to touch the skies or to collapse bellowing
when by night they flood surrendered shores!

Que así invade

Dichosa claridad de la aurora,
cuerpo radiante, amoroso destino,
adoración de ese mar agitado,
de ese pecho que vive en el que sé que vivo.

¿Dónde tú, montaña inmensa siempre presente
viajador continente que pasas y te quedas,
playa que se me ofrece para mi planta ligera
que como una sola concha, fácil queda en la arena?

¿Voy?
¿O vengo?
Ignoro si la luz que ahora nace
es la del poniente en los ojos,
o si la aurora incide su cuchilla en mi espalda.
Pero voy, vo voy siempre.
Voy a ti como la ola ya verde
que regresa a su seno recobrando su forma.
Como la resaca que arrebatando el amarillo claro de las playas,
muestra ya su duro torso oscuro descansado, flotando.
Voy como esos redondos brazos invasores
que arrebatan las algas que otras ondas dejaron.

Y tú me esperas, dí,
dichoso cuerpo extendido,
feliz claridad para los pies,
playa radiante que destellas besando
la tenue piel que pesa sobre tu pecho vivo.

¿Me tiendo?
Beso infinitamente
ese inabarcable rumor de los mares,
esos siempre reales labios con los que sueño,
esa espuma ligera que son siempre los dientes
cuando van a decirse las palabras oscuras.

Dime, dime; te escucho.
¡Qué profunda verdad!
Cuánto amor si te estrecho mientras cierras los ojos,
mientras retiras todas, todas las ondas lúcidas
que permanecen fijas vigilando este beso.

Tu corazón caliente como una alga de tierra,
como una brasa invencible capaz de desecar el fondo de los mares,
no destruye mis manos
ni mis ojos cuando apoyo los párpados,
ni mis labios – que no se purifican con su lumbre profunda – ,
porque son como pájaros, como libres marinas,
como rumor o pasaje de unas nubes que avanzan.

¡Oh ven, ven siempre como el clamor de los peces,
como la batalla invisible de todas las escamas,
como la lucha tremenda de los verdes más hondos,
de los ojos que fulgen, de los ríos que irrumpen,
de los cuerpos que colman, que emergen del océano,
que tocan a los cielos o se derrumban mugientes
cuando de noche inundan las playas entregadas!

Beetle

Behold at last also finding its way into language the tiny beetle,
saddest of moments,
the pitiable day's unhurried rolling,
diminutive captor of what can never aspire to flight.

On a day like any other
life comes to a halt at the sand's edge,
like grass strands floating freely on unclean water,
where at the earth's pleasure
un-sighing wisps surrender
to the moment when love flows in.

Love like a number
is as soon water flowing from an open faucet,
as it is the secret of greenness weighing heavily within an ear,
as it is a passive ditch containing everything,
even hatred growing weaker, turning into sleep.

Therefore,
when in the middle of the road a sorry once-golden beetle
senses the sky is near like an enormous ball
and, nevertheless, with its little never-petal legs
fondly drags dull memory along,
for love of sobbing over what once was and no longer is,
up among tall flowers with their stamens nearly tickling the cloudless blue
drifts a fragrance of days gone by,
of trampled flowers,
of trodden pollen tinging a passing sole with enduring yellow,
the unintended caress,
foot previously a rose, a thorn,
a corolla or flowers' soft touch.

Above a breeze freshens
other memories where the wind moves,
where such tall stamens appear, where pistils or hair,
where stems sway
in acceptance of the sun's so yellow loving word.

Gentle beetle,
blacker than the silence ensuing after someone's death,
going by just barely erasing cart tracks,
traces of violent irons that were teeth before,
and a mouth for biting dust.

The tender beetle beneath its rigid shell sometimes mimicking a wing,
never seeks to be confused with a butterfly,
but its blood groans
(extinguished memory's heated limit)
enclosed in a breast with formless forgetfulness,
flowing down to forelegs busy creating a miniature shadow world.

El escarabajo

He aquí que por fin llega al verbo también el pequeño escarabajo,
tristísimo minuto,
lento rodar del día miserable,
diminuto captor de lo que nunca puede aspirar al vuelo.

Un día como alguno
se detiene la vida al borde de la arena,
como las hierbecillas sueltas que flotan en un agua no limpia,
donde a merced de la tierra
briznas que no suspiran se abandonan
a ese minuto en que el amor afluye.

El amor como un número
tan pronto es agua que sale de una boca tirada,
como es el secreto de lo verde en el oído que lo oprime,
como es la cuneta pasiva que todo lo contiene,
hasta el odio que afloja para convertirse en el sueño.

Por eso,
cuando en la mitad del camino un triste escarabajo que fue de oro
siente próximo el cielo como una inmensa bola
y, sin embargo, con sus patitas nunca pétalos
arrastra la memoria opaca con amor,
con amor al sollozo sobre lo que fue y ya no es,
arriba entre las flores altas cuyos estambres casi cosquillean el limpio azul
vaga un aroma a anteayer,
a flores derribadas,
a ese polen pisado que tiñe de amarillo constante la planta pasajera,
la caricia involuntaria,
ese pie que fue rosa, que fue espina,
que fué corola o dulce contacto de las flores.

Un viento arriba orea
otras memorias donde circula el viento,
donde estambres emergen tan altos, donde pistilos o cabellos,
donde tallos vacilan
por recibir el sol tan amarillo envío de un amor.

El suave escarabajo,
más negro que el silencio que transcurre después de alguna muerte,
pasa borrando apenas las huellas de los carros,
de los hierros violentos que fueron dientes siempre,
que fueron boca para morder el polvo.

El dulce escarabajo bajo su duro caparazón que imita a veces algún ala,
nunca pretende ser confundido con una mariposa,
pero su sangre gime
(caliente término de la memoria muerta)
encerrada en un pecho con no forma de olvido,
descendiendo a unos brazos que un diminuto mundo oscuro crean.

Stone Body

Marble moon, unyielding heat,
summer night when the dog is mute,
when a dry-grass veil before our eyes
nearly caresses, dream or weightless down.

Stone moon, hands in the sky,
ever-shattering stone hands,
twisted at times and gleaming,
milky bright hands, now rigid.

Stone body, trail of glass panes,
always mute or grieving with the suns,
when woollen dogs float unstirring
through fondled-silk marshes.

I do not know whether blood is red or green.
Nor do I know if the moon conquers or loves,
if its tongue caresses aberrations,
quivering feathered armpits.

Quiet muddy sky revolving now
gently feigning a lively sun,
beautiful tunic beloved for its firmness
across advancing stone thighs.

Soft, white, orbitless mask
tilting its heavenly purple.
At the edges tepid fresh saliva
demanding blue kisses like flies.

Solitude, loneliness, forest clearing, world,
living reality where lead is cold;
no, the fire ignited in the groin
by the faraway sea when it withdrew no longer burns.

Cuerpo de piedra

Luna de mármol, rígido calor,
noche de estío cuando el perro es mudo,
cuando un velo de esparto ante los ojos
casi acaricia, sueño o plumón leve.

Luna de piedra, manos por el cielo,
manos de piedra rompedoras siempre,
retorcidas a veces con destellos,
manos de lumbre láctea, ya rígidas.

Cuerpo de piedra, senda de cristales,
mudo siempre o doliente con los soles,
cuando perros de lana flotan quietos
por pantanos de seda acariciada.

Yo no sé si la sangre es roja o verde.
Ignoro si la luna vence o ama,
si su lengua acaricia los desvíos,
axilas que palpitan ya de pluma.

Cielo quieto de fango que ahora gira
dulcemente mintiendo un sol activo,
bella túnica amada por lo dura
sobre muslos de piedra avanzadores.

Dulce careta blanca que ladea
su morado celeste ya sin órbita.
Tibia saliva nueva que en los bordes
pide besos azules como moscas.

Soledad, soledad, calvero, mundo,
realidad viva donde el plomo es frío;
no, ya no quema el fuego que en las ingles
aquel remoto mar dejó al marcharse.

6

Joyful Cloud

Your glowing dusky hue, avenging sword,
thirst flown off toward a distant mountain,
there to be punished amid purple lightning
like an ever-dry, blood-venerating metal.

Who knows whether one day your soft, flowing body
allowed to have its way
will descend from its unkissable glass summit,
where like a branchless tree, brown as dry grass,
it senses instead of birds a livid radiance passing by.

Let me slowly like a cloud move by above,
passing humidly nearly hot in a summer gust,
carried along on the breeze sent forth by leaves,
tall ears of grain, swaying bodies.

Your glowing scorched darkness,
your barrenness of rock or even coal,
your eyes not turning because they have no tears,
your heart steadfast as a vanquished nut.

Let me in passing nearly moisten your forehead,
I, bird or gleaming murmuring wing,
I, broad feather with an armpit's heat
able to shelter a forehead by calling it to weep in mourning.

Kiss or cheek or eyes sparkling,
tempered teeth opening like the day,
blueness beneath an eyelid after a hard storm,
livid radiance fleeing phosphorus-like.

Live, live, awake, love, heart, being,
awake like soil to the onset of rain,
like new greenness growing inside flesh.

Joyful dark body being born, I am coming, am departing,
I, weightless cloud held back by leaves,
I, gentle wind escaping in search of dawn,
of redness and blueness, of greenness and whiteness,
I come summoned to life, fleeing with the wind,
you have been born and I watch you loving like a river,
like joyful water flowing on and singing.

Nube feliz

Tu ardiente morenía, espada vengadora,
sed que voló hacia la remota montaña,
donde allí se castiga entre el relámpago morado
como ese metal que adora la sangre, siempre seco.

Quién sabe si algún día tu dulce y ya fluyente cuerpo
abandonado a su querer
descenderá de ese pináculo de cristal imbesable,
donde como un árbol sin ramas, moreno como esparto,
siente en lugar de pájaros cruzar fulgores lívidos.

Déjame como nube pasar arriba lento,
pasar húmedamente casi caliente al soplo de un estío,
llevado por la brisa que envían unas hojas,
unas altas espigas, unos cuerpos mecidos.

Tu ardiente morenía calcinada,
tu sequedad de roca o ya carbón,
tus ojos que no giran porque no tienen lágrimas,
tu corazón constante como una nuez vencida.

Déjame que pasando moje casi tu frente,
pájaro soy o ala rumorosa que brilla,
soy esa pluma extensa que con calor de axila
cobijaría una frente convocándola a un llanto.

Un beso o una mejilla o el brillo de unos ojos,
unos dientes templados que se abren como el día,
un azul bajo el párpado tras la tormenta dura,
unos fulgores lívidos que escapan como el fósforo.

Vive, vive, despierta, ama, corazón, ser,
despierta como tierra a la lluvia naciente,
como lo verde nuevo que crece entre la carne.

Cuerpo feliz moreno que naces, voy, me voy,
soy esa nube ingrávida que detienen las hojas,
soy la brisa que escapa en busca de la aurora,
de lo rojo y lo azul, de lo verde y lo blanco,
voy llamado a la vida, escapo con el viento,
has nacido y te veo amar como ese río,
como el agua feliz que desciende cantando.

R. MOWRY 98

The Sea's Daughter

Girl, heart or smile,
warm knot of daytime presence,
irresponsible beauty unaware of itself,
glowing eyes alarmingly blue.

Your innocence like a sea you live in —
what trouble to reach you, lonely island still untouched;
your dazzling breast, beloved beach or sand
slipping formless still between my fingers.

Bounteous presence of a girl to love,
felled or reclining body or beach exposed to a gentle wind,
to temperate eyes watching you,
freshening a nude submissive to their touch.

Never speak untruth, preserve forever
your compliant fever, motionless and congenial,
seashore or golden body, girl on the beach
forever a shell left behind by waves.

Live, live like the very murmur you were born from;
listen to your despotic mother's sound;
become the foam remaining after love ends,
after the shore, water or mother, recedes.

Hija de la mar

Muchacha, corazón o sonrisa,
caliente nudo de presencia en el día,
irresponsable belleza que a sí misma se ignora,
ojos de azul radiante que estremece.

Tu inocencia como un mar en que vives –
qué pena a ti alcanzarte, tú sola isla aún intacta;
qué pecho el tuyo, playa o arena amada
que escurre entre los dedos aún sin forma.

Generosa presencia la de una niña que amar,
derribado o tendido cuerpo o playa a una brisa,
a unos ojos templados que te miran,
oreando un desnudo dócil a su tacto.

No mientas nunca, conserva siempre
tu inerte y armoniosa fiebre que no resiste,
playa o cuerpo dorado, muchacha que en la orilla
es siempre alguna concha que unas ondas dejaron.

Vive, vive como el mismo rumor de que has nacido;
escucha el son de tu madre imperiosa;
sé tú espuma que queda después de aquel amor,
después de que, agua o madre, la orilla se retira.

R.MOWRY 98

Eagles

The world contains life's truth,
although blood may gloomily deceive
when like a calm sea in the evening
it hears free eagles beating overhead.

Their metal feathers,
their powerful talons,
their zeal for love or death,
their urge to drink from eyes with iron beaks,
to kiss at last the outer earth,
flying like desire,
like clouds offering no resistance,
like radiant blue, with hearts outside
where freedom has unfolded toward the world.

Tranquil eagles
will never become skiffs,
never dream or bird,
never a box where sorrow lies forgotten,
a storage place for emeralds or for opals.

The sun congealing over pupils,
gazing freely at pupils,
is an imperishable bird, conqueror of breasts
into which it plunges its wrath against a tethered body.

Violent wings
lashing faces like eclipses,
cleaving dead–sapphire veins,
dissecting clotted blood,
shatter the wind into a thousand pieces,
marble or impenetrable space
where a dead hand held back
is radiance gleaming in the night.

Eagles like chasms,
like highest mountains,
toppling sovereignties, dusty tree trunks,
green ivy simulating on their thighs
a nearly living plant tongue.

The time is approaching when happiness will consist
of stripping skin from human bodies,
when the victorious celestial eye
will see the earth only as spinning blood.

Mightily resounding metal eagles,
frenzied harps with nearly human voice,
are singing the fury of loving hearts,
loving them with talons crushing their death.

Las águilas

El mundo encierra la verdad de la vida,
aunque la sangre mienta melancólicamente
cuando como mar sereno en la tarde
siente arriba el batir de las águilas libres.

Las plumas de metal,
las garras poderosas,
ese afán del amor o la muerte,
ese deseo de beber en los ojos con un pico de hierro,
de poder al fin besar lo exterior de la tierra,
vuela como el deseo,
como las nubes que a nada se oponen,
como el azul radiante, corazón ya de afuera
en que la libertad se ha abierto para el mundo.

Las águilas serenas
no serán nunca esquifes,
no serán sueño o pájaro,
no serán caja donde olvidar lo triste,
donde tener guardado esmeraldas u ópalos.

El sol que cuaja en las pupilas,
que a las pupilas mira libremente,
es ave inmarcesible, vencedor de los pechos
donde hundir su furor contra un cuerpo amarrado.

Las violentas alas
que azotan rostros como eclipses,
que parten venas de zafiro muerto,
que seccionan la sangre coagulada,
rompen el viento en mil pedazos,
mármol o espacio impenetrable
donde una mano muerta detenida
es el claror que en la noche fulgura.

Áquilas como abismos,
como montes altísimos,
derriban majestades, troncos polvorientos,
esa verde hiedra que en los muslos
finge la lengua vegetal casi viva.

Se aproxima el momento en que la dicha consista
en desvestir de piel a los cuerpos humanos,
en que el celeste ojo victorioso
vea sólo a la tierra como sangre que gira.

Águilas de metal sonorísimo,
arpas furiosas con su voz casi humana,
cantan la ira de amar los corazones,
amarlos con las garras estrujando su muerte.

Night

As freshly extinguished sound or shadow, day comes to meet me.

Yes, like death, perhaps like a sigh,
perhaps like a single heart with borders,
perhaps like a breathing chest's boundary;
like water gently encircling a form
and turning that body into a star on water.

Perhaps like the journey of a being who feels dragged away
toward the final exit where all are strangers,
where teeth alone form a cold smile,
all the more painful with still-lukewarm hands.

Yes. Like a being who, alive, because that is living,
arrives in the air, with the noble rapture
that consists of lying on the ground and waiting,
waiting for life to become a new rose.

Yes, like death being reborn in the wind.

Life, pounding life with a breeze's form,
with the form of a hurricane emerging from a breath,
stirring leaves, stirrring happiness or the color of petals,
freshly sentient flower which someone has become.

Like youthful silence, like greenness or laurel;
like a beautiful tiger's shadow streaming from the jungle;
like sunbeams cheerfully caught on the water's surface;
like the living bubble a golden fish imprints on the sky's blue.
Like the impossible branch on which a swallow fails to halt its flight...
Day comes to meet me.

La noche

Fresco sonido extinto o sombra, el día me encuentra.

Sí, como muerte, quizá como suspiro,
quizá como un solo corazón que tiene bordes,
acaso como límite de un pecho que respira;
como un agua que rodea suavemente una forma
y convierte a ese cuerpo en estrella en el agua.

Quizá como el viaje de un ser que se siente arrastrado
a la final desembocadura en que a nadie se conoce,
en que la fría sonrisa se hace sólo con los dientes,
más dolorosa cuanto que todavía las manos están tibias.

Sí. Como ser que, vivo, porque vivir es eso,
llega en el aire, en el generoso transporte
que consiste en tenderse en la tierra y esperar,
esperar que la vida sea una fresca rosa.

Sí, como la muerte que renace en el viento.

Vida, vida batiente que con forma de brisa,
con forma de huracán que sale de un aliento,
mece las hojas, mece la dicha o el color de los pétalos,
la fresca flor sensible en que alguien se ha trocado.

Como joven silencio, como verde o laurel;
como la sombra de un tigre hermoso que surte de la selva;
como alegre retención de los rayos del sol en el plano del agua;
como la viva burbuja que un pez dorado inscribe en el azul del cielo.
Como la imposible rama en que una golondrina no detiene su vuelo...
El día me encuentra.

R. MOWRY 98

They Loved One Another

They loved one another.
They suffered from the light, lips blue at dawn,
lips emerging from harsh night,
cracked lips, blood, where was the blood?
They loved one another on a bed ship, half night, half light.

They loved one another as flowers love deep-seated thorns,
or the tender newborn-yellow bud,
when their faces are wistfully turning,
shining moonflowers welcoming a kiss.

They loved one another by night, when deep dogs
bark beneath the earth and valleys stretch
like archaic backs aware of being stroked:
caress, silk, hand, moon arriving and touching.

They loved for love at daybreak,
among nighttime's closed unyielding stones,
firm like bodies hours have frozen,
hard like kisses only tooth against tooth.

They loved by day, seashore growing,
waves rising from their feet to caress their thighs,
their bodies rising from the ground and floating...
They loved by day, above the sea, beneath the sky.

Perfect midday, they loved so intimately,
youthful highest sea, boundless intimacy,
loneliness of whatever lives, distant horizons
joined together like bodies singing in solitude.

Loving. They loved one another like the transparent moon,
like the rounded sea in contact with a face,
gentle water eclipse, darkened cheek,
where red fish come and go without music.

Day, night, sunsets, dawns, spaces,
new, old, fleeting, everlasting waves,
sea or earth, ship, bed, feather, glass,
metal, music, lip, silence, vegetable,
world, stillness, their form. Know this: they loved one another.

Se querían

Se querían.
Sufrían por la luz, labios azules en la madrugada,
labios saliendo de la noche dura,
labios partidos, sangre, ¿sangre dónde?
Se querían en un lecho navío, mitad noche, mitad luz.

Se querían como las flores a las espinas hondas,
a esa amorosa gema del amarillo nuevo,
cuando los rostros giran melancólicamente
giralunas que brillan recibiendo aquel beso.

Se querían de noche, cuando los perros hondos
laten bajo la tierra y los valles se estiran
como lomos arcaicos que se sienten repasados:
caricia, seda, mano, luna que llega y toca.

Se querían de amor entre la madrugada,
entre las duras piedras cerradas de la noche,
duras como los cuerpos helados por las horas,
duras como los besos de diente a diente sólo.

Se querían de día, playa que va creciendo,
ondas que por los pies acarician los muslos,
cuerpos que se levantan de la tierra y flotando...
Se querían de día, sobre el mar, bajo el cielo.

Mediodía perfecto, se querían tan íntimos,
mar altísimo y joven, intimidad extensa,
soledad de lo vivo, horizontes remotos
ligados como cuerpos en soledad cantando.

Amando. Se querían como la luna lúcida,
como ese mar redondo que se aplica a ese rostro,
dulce eclipse de agua, mejilla oscurecida,
donde los peces rojos van y vienen sin música.

Día, noche, ponientes, madrugadas, espacios,
ondas nuevas, antiguas, fugitivas, perpetuas,
mar o tierra, navío, lecho, pluma, cristal,
metal, música, labio, silencio, vegetal,
mundo, quietud, su forma. Se querían, sabedlo.

R. MOWRY 98

Total Love

No.
Transparent light wounding fire,
shattering the forehead like a finally exhausted diamond,
like a body overwhelmed with happiness,
dissolving like a never-cold brightness.

Light gathering up its body like anguish nothing can appease,
like a combatant heart still attacking a disputed ridge,
asking to be no longer itself nor its reflection, but instead a joyful river,
whatever passes by without blue memory,
en route to all the seas commingling
and becoming everything loved and loving, feeling joy and pain.

Expanding bliss of outstretched arms,
touching the confines of the world like distant shores
with never-receding waters,
playing with golden sands like fingers
lightly grazing flesh or silk, whatever trembling becomes aroused.

Enjoying distant lights crackling
on naked arms,
like the far-off murmur of youthful teeth
devouring daytime's jubilant grass,
all that comes alive displaying rosy firmness
where waters drench an entire lived-through sky.

Living out on mountain foothills
where sea and steepness merge,
where green slopes are no sooner water
than a boundless cheek reflecting suns,
where the world finds an echo amid their music,
mirror through which the tiniest bird cannot escape,
reflecting the joy of flawless creation moving on.

Love like everything revolving,
like the peaceful universe,
like exalted mind,
connected heart, circulating blood,
bright flash crackling in the night
and crossing a darkened tongue, which now understands.

Total amor

No.
La cristalina luz que hiere el fuego,
que deshace la frente como un diamante al fin rendido,
como un cuerpo que se amontona de dicha,
que se deshace como un resplandor que nunca será frío.

La luz que amontona su cuerpo como el ansia que con nada se aplaca,
como el corazón combatiente que en el mismo filo aún ataca,
que pide no ser ya él ni su reflejo, sino el río feliz,
lo que transcurre sin la memoria azul,
camino de los mares que entre todos se funden
y son lo amado y lo que ama, y lo que goza y sufre.

Esa dicha creciente que consiste en extender los brazos,
en tocar los límites del mundo como orillas remotas
de donde nunca se retiran las aguas,
jugando con las arenas doradas como dedos
que rozan carne o seda, lo que estremeciéndose se alborota.

Gozar de las lejanas luces que crepitan
en los desnudos brazos,
como un remoto rumor de dientes jóvenes
que devoran la grama jubilosa del día,
lo naciente que enseña su rosada firmeza
donde las aguas mojan todo un cielo vivido.

Vivir allá en las faldas de las montañas
donde el mar se confunde con lo escarpado,
donde las laderas verdes tan pronto son el agua
como son la mejilla inmensa donde se refleja los soles,
donde el mundo encuentra un eco entre su música,
espejo donde el más mínimo pájaro no se escapa,
donde se refleja la dicha de la perfecta creación que transcurre.

El amor como lo que rueda,
como el universo sereno,
como la mente excelsa,
el corazón conjugado, la sangre que circula,
el luminoso destello que en la noche crepita
y pasa por la lengua oscura, que ahora entiende.

There Is More

Joyful kiss, carefree dove,
whiteness between our hands, sun or cloud;
heart not trying to fly because warmth is enough,
a wing combed by lips already alive is enough.

Day can be felt toward the outside; only love exists.
You and I feel being born on our mouths what is not alive,
what an indestructible kiss is when mouths are wings,
wings smothering us while our eyes are closing,
while golden light remains inside our eyelids.

Come, come flee with me like love in silence;
life like the warmth of everyone alone,
of soft music quivering beneath our feet,
unique flying world, with light from a living star,
like one body or two souls, like a final bird.

Hay más

Beso alegre, descuidada paloma,
blancura entre las manos, sol o nube;
corazón que no intenta volar porque basta el calor,
basta el ala peinada por los labios ya vivos.

El día se siente hacia afuera; sólo existe el amor.
Tú y yo en la boca sentimos nacer lo que no vive,
lo que es el beso indestructible cuando la boca son alas,
alas que nos ahogan mientras los ojos se cierran,
mientras la luz dorada está dentro de los párpados.

Ven, ven, huyamos quietos como el amor;
vida como el calor que es todo el mundo solo,
que es esa música suave que tiembla bajo los pies,
mundo que vuela único, con luz de estrella viva,
como un cuerpo o dos almas, como un último pájaro.

R.MOWRY 98

Nudity

Enough, enough.

So much love among birds,
amid fleeting papers seeking each other on the ground,
in the defenseless glass pane feeling light's kiss,
in the giant lamp sobbing beneath the earth
and lighting up expectant underground water.

You, heart shouting amid clouds
or among bird feathers,
or within the secret marrow of tiger bone,
or in the rock on which a shadow rests its head.

You, heart existing everywhere as death exists,
since death is a contraction of the waist
feeling a secret hand embrace it,
while within your ear an anticipated secret glows.

Tell me, which unfeeling emerald-like word
is blinding eyes with its cruelest sign,
while across shoulders all the feathers, all
are slipping weakly as if they were only memory.

Tell me, what robe is trying to enfold our nudity,
what heat gratifies us while light is uttering names,
and while we listen to letters passing by,
doves toward an injured breast unaware of itself.

Death is clothing.
It is the accumulation of never-forgotten centuries,
mankind's record of a unique body,
tangible rag on which a breast is sobbing
while seeking impossible love or nudity.

El desnudo

Basta, basta.

Tanto amor en las aves,
en esos papeles fugitivos que en la tierra se buscan,
en ese cristal indefenso que siente el beso de la luz,
en la gigante lámpara que bajo tierra solloza
iluminando el agua subterránea que espera.

Tú, corazón clamante que en medio de las nubes
o en las plumas del ave,
o en el secreto tuétano del hueso de los tigres,
o en la piedra en que apoya su cabeza la sombra.

Tu, corazón que dondequiera existes como existe la muerte,
como la muerte es esa contracción de la cintura
que siente que la abarca una secreta mano,
mientras en el oído fulgura un secreto previsto.

Di, qué palabra impasible como la esmeralda
deslumbra unos ojos con su signo durísimo,
mientras sobre los hombros todas, todas las plumas
resbalan tenuemente como sólo memoria.

Di, qué manto pretende envolver nuestro desnudo,
qué calor nos halaga mientras la luz dice nombres,
mientras escuchamos unas letras que pasan,
palomas hacia un seno que, herido, a sí se ignora.

La muerte es el vestido.
Es la acumulación de los siglos que nunca se olvidan,
es la memoria de los hombres sobre un cuerpo único,
trapo palpable sobre el que un pecho solloza
mientras busca imposible un amor o el desnudo.

R.MOWRY 98

Closed Door

Do not feign gossamer hair, fervent delights,
porphyry columns, celestial yearnings;
do not feign a blissful body surrounded by light
like a youthful boat disdaining waves.

Do not deceive with your indifference of shimmering star
– robust courage for seeking life,
for plotting the sprouting wake
of love flowing like milk.

No.
Votive reality is longing to become the palm garden
where beings turned to lances
are still seeking you, topaz blue or gold
escaping skyless through other heavens.

Loving the feverish neck
lying broken at a solitary marble's foot
and holding back its bleeding call
like a heart curbing its desire.

Frenzied moon and kisses,
mixed together like different bloods on a closed door,
where the fists of those who never lived are crying out,
fists of corpses floating mutilated in icy waters.

Paradise of moons coldly slit open,
with blades of fortunate garments or metals,
those never having loved because they always knew
dust cannot circulate or substitute for blood.

Loving closed eyelids by violet light,
where a bird cannot seek relief from its shivering,
where at most a cold petal
begins the day vividly imitating mother-of-pearl.

The heavy door will never swing open.
Face or boulder, song or age-old bridge
join spider's thread to mountain's heart,
where death is fighting life-to-life
to illuminate passion with a fleeing lightning flash.

A hatred-size hand,
a continent of circulating veins,
where toothmarks still remained,
is pounding on a heart like an enclosed sea,
is beating on gums that devoured lights,
that swallowed a never-born world,
where love was crackling thunderbolts clashing
above felled human bodies.

Cerrada puerta

No mientas cabelleras diáfanas, ardientes goces,
columnas de pórfido, celestiales anhelos;
no mientas un cuerpo dichoso rodeado por la luz
como esa barca joven que desprecia las ondas.

No engañes con tu tibieza de astro reluciente
– fuerte valor para buscar la vida,
para trazar la germinante estela
donde el amor como la leche fluye.

No.
La realidad votiva aspira a ese jardín de palmas
donde los seres convertidos en lanzas
todavía te buscan, azul topacio u oro
que te escapas sin cielo por otros paraísos.

Amar el cuello enfebrecido
que roto al pie de un mármol solo
retiene su sangrienta llamada
como ese corazón que contiene su anhelo.

El frenesí de la luna y los besos,
mezclados como sangres en la puerta cerrada,
donde claman los puños de los que nunca vivieron,
de los que muertos mutilados flotan en aguas frías.

Paraíso de lunas sajadas con desvío,
con filos de vestidos o metales dichosos,
aquellos que no amaron porque sabían siempre
que el polvo no circula ni sustituye a la sangre.

Amar a esa luz violeta los párpados cerrados,
donde un ave no puede guarecer su temblor,
donde todo lo más algún pétalo frío
amanece de nácar imitando a lo vivo.

Esa pesada puerta jamás girará.
Un rostro o un peñasco, una canción o un puente milenario
unen el hilo de araña al corazón del monte,
donde la muerte vida a vida lucha
por alumbrar la pasión entre el relámpago que escapa.

Una mano del tamaño del odio,
un continente donde circulan venas,
donde aún quedaron huellas de unos dientes,
golpea un corazón como mar encerrado,
golpea unas encías que devoraron luces,
que tragaron un mundo que nunca había nacido,
donde el amor era el chocar de los rayos crujientes
sobre los cuerpos humanos derribados por tierra.

Death

So! It is you, it is you, eternal undated name,
sea and thirst in savage struggle,
cliff entirely water, threatening to collapse
onto my polished form, metal plate without memory.

It is you, mighty sea shadow,
cunning green malice where all fish are like stones in the air,
gloom or sorrow threatening my life
like a love putting an end to death.

Kill me if you like, merciless lead sea,
immense drop containing the earth,
fire destroying my inspirationless life
here on the shore where light is crawling.

Kill me as if a dagger, a golden or beaming sun,
a pointed glance from an unassailable eye,
a dominating arm on which nakedness could be coldness,
a lightning bolt seeking perhaps my breast or its own destiny...

So, quickly, quickly; I want to die facing you, sea,
facing you, vertical sea whose froth is reaching the heavens,
you whose celestial fish among the clouds
are like birds forgotten by the deep!

Let your transparent shattering surf come to me,
let your green arms come crashing down,
let suffocation come when my body convulses
submerged beneath collapsing black lips.

Let the purple sun shine on unvarying death.
Let total death come onto the seashore I am bearing,
this earthly beach weighing down on my breast,
and along which nimble feet seem to be fleeing.

I want rose color or life itself.
I want red or its frantic yellow,
I want the tunnel where color dissolves
amid the deceptive black of death's laughing mouth.

I want to kiss the ivory of penultimate muteness,
when the sea is hurriedly withdrawing,
when only a few shells remain on the sand,
a few cold fish scales loving one another.

Death like a handful of sand,
like lonely water remaining in a hollow,
like a blood-colored seagull midway through the night
above the non-existent sea.

La muerte

¡Ah! eres tú, eres tú, eterno nombre sin fecha,
bravía lucha del mar con la sed,
cantil todo de agua que amenazas hundirte
sobre mi forma lisa, lámina sin recuerdo.

Eres tú, sombra del mar poderoso,
genial rencor verde donde todos los peces son como piedras por el aire,
abatimiento o pesadumbre que amenazas mi vida
como un amor que con la muerte acaba.

Mátame si tú quieres, mar de plomo impiadoso,
gota inmensa que contiene la tierra,
fuego destructor de mi vida sin numen
aquí en la playa donde la luz se arrastra.

Mátame como si un puñal, un sol dorado o lúcido,
una mirada buida de un inviolable ojo,
un brazo prepotente en que la desnudez fuese el frío,
un relámpago que buscase mi pecho o su destino...

¡Ah, pronto, pronto; quiero morir frente a ti, mar,
frente a ti, mar vertical cuyas espumas tocan los cielos,
a ti cuyos celestes peces entre nubes
son como pájaros olvidados del hondo!

Vengan a mí tus espumas rompientes, cristalinas,
vengan los brazos verdes desplomándose,
venga la asfixia cuando el cuerpo se crispa
sumido bajo los labios negros que se derrumban.

Luzca el morado sol sobre la muerte uniforme.
Venga la muerte total en la playa que sostengo,
en esta terrena playa que en mi pecho gravita,
por la que unos pies ligeros parece que se escapan.

Quiero el color rosa o la vida,
quiero el rojo o su amarillo frenético,
quiero ese túnel donde el color se disuelve
en el negro falaz con que la muerte ríe en la boca.

Quiero besar el marfil de la mudez penúltima,
cuando el mar se retira apresurándose,
cuando sobre la arena quedan sólo unas conchas,
una frías escamas de unos peces amándose.

Muerte como el puñado de arena,
como el agua que en el hoyo queda solitaria,
como la gaviota que en medio de la noche
tiene un color de sangre sobre el mar que no existe.